विद्यार्थियों के लिए गीता

विद्यार्थियों के लिए गीता

आचार्य मायाराम 'पतंग'

प्रकाशक

प्रभात प्रकाशन प्रा. लि.

4/19 आसफ अली रोड, नई दिल्ली–110002

फोन : 011–23289777 • हेल्पलाइन नं. : 7827007777

इ–मेल : prabhatbooks@gmail.com ❖ वेब ठिकाना : www.prabhatbooks.com

संस्करण

2026

मूल्य

तीन सौ रुपए

मुद्रक

नरुला प्रिंटर्स, दिल्ली

———— ★ ————

VIDHYARTHIYON KE LIYE GITA

by Acharya Mayaram 'Patang'

Published by **PRABHAT PRAKASHAN PVT. LTD.**

4/19 Asaf Ali Road, New Delhi-110002

ISBN 978-93-5186-995-5

₹ 300.00

अपनी बात

इस युग के महान् संत स्वामी विवेकानंद ने कहा था—"गीता को समझने के लिए पूजाघर नहीं चाहिए, अपितु फुटबॉल का मैदान चाहिए। जब तक शारीरिक परिश्रम से पसीना न निकले, तब तक गीता रहस्य समझना कठिन है।" वास्तव में स्वामीजी का अभिप्राय था, जय-पराजय का विचार न करके, टीम भावना से खेलकर गीता का कर्मयोग समझने में सरलता होगी। निष्काम कार्य और खेल-भावना अनुभव किए बिना मात्र शब्द रह जाते हैं। खूब खेलने के पश्चात् यह अनुभव स्वयं समझ में आ जाता है।

विद्यार्थी काल में गीता का भाव समझ गए तो यह जीवन में पग-पग पर काम आएगा। जीने की कला आएगी। आपत्तियों तथा कष्टकर परिस्थितियों में निराशा नहीं आएगी। अपने-पराए और मित्र-शत्रु के मोह से मुक्त होने का ढंग आ जाएगा। शायद लोग सेवा-निवृत्त होकर गीता पढ़ते हैं। जब सारा जीवन मोह, लोभ, काम, क्रोध और अहंकार की भेंट चढ़ गया, दु:ख और संतापों का ताप सह लिया, तिल-तिल कर मरते रहे, फिर गीता पढ़ी तो क्या लाभ हुआ? पाप और पुण्य कर्मों का फल तो भोगना निश्चित ही हो गया।

अत: प्यारे विद्यार्थियो! गीता का यह सरल सार पढ़ो-समझो तथा करो। गीता पर महान् संतों ने, ज्ञानी जनों ने अनेक टीकाएँ लिखी हैं। अपने-अपने ढंग से, अपने जीवन के अनुभवों से श्लोकों के अर्थ समझाने

का प्रयास सभी ने किया है।

मैं न तो संत हूँ, न महात्मा, परंतु मैंने गीता को बचपन से जिया है। सत्संग में सुना और स्वाध्याय किया। साप्ताहिक सत्संग आयोजित करके (आपातकाल में 1975-76) मुझे श्रोताओं के समक्ष व्याख्या करने का भी अवसर प्रभु ने प्रदान किया था। सत्संग में भी प्रौढ़ जन-महिलाएँ ही अधिक होते हैं। विद्यार्थी न आते हैं, न माता-पिता उन्हें साथ लाते हैं। अत: उन तक पहुँचाने के लिए सरल भाषा में एक संक्षिप्त गीता लिखी जाने की आवश्यकता थी। इसके लिए मैंने कई विद्वानों से चर्चा की, तो यही उत्तर मिला कि गीता तो बाजार में बहुत हैं। विद्यार्थी भी पढ़ सकते हैं। कमी है तो प्रेरणा की तथा पुस्तक प्रकाशन में आकर्षक स्वरूप की। यही विचार प्रभातजी के मन में भी आया, दोनों की परस्पर चर्चा हुई तथा मेरा पुराना संकल्प साकार करने का प्रभु ने सुअवसर दे दिया। परिणाम के रूप में पुस्तक 'विद्यार्थियों के लिए गीता' आपके कर-कमलों में है।

गीता के हर अध्याय में जो महत्त्वपूर्ण श्लोक हैं, जिन्हें स्मरण किया जा सके, गाया जा सके, उन्हें भी देना उपयोगी समझा। स्पष्ट है कि यह संपूर्ण गीता नहीं है, बल्कि मात्र प्रेरणा है। विद्यार्थियों को इसके पढ़ने से पूर्ण गीता तथा श्री बालगंगाधर तिलक, श्रीमान भक्तिवेदांतजी, श्री जयदयाल गोयनकाजी, संत ज्ञानेश्वर महाराज जैसे महान् संत-महात्माओं की लिखी भगवद् गीता की व्याख्याएँ पढ़ने की प्रेरणा मिल सके तो मैं अपना प्रयास सफल समझूँगा। वैसे तो प्रभु ने यह पावन कार्य मेरे द्वारा करवाया है, यह मेरा सौभाग्य है तथा प्रभु श्रीकृष्णजी की महती कृपा है।

अकिंचन भक्त

गंगा दशहरा 2073

14 जून, 2016

—आचार्य मायाराम पतंग

एफ.-63, 1/11726 ए, पंचशील गार्डन,

नवीन शाहदरा, दिल्ली-32

मो. 9868544196

श्रीमद्भगवद्गीता की पृष्ठभूमि

श्रीमद्भगवद्गीता 'महाभारत' नामक महाकाव्य का एक अंश है। अनेक जन श्रीमद्भागवत महापुराण को ही भागवद्गीता समझ लेते हैं। श्रीमद्भागवत में सृष्टि के आरंभ से लेकर श्रीकृष्ण अवतार तक की कथा है। कृष्ण भगवान् की समस्त लीलाएँ हैं। यह हिंदू धर्म का महान् ग्रंथ है तथा 18 पुराणों में से अंतिम पुराण है।

श्रीमद्भगवद्गीता 'महाभारत' महाकाव्य का वह अंश है, जिसमें श्रीकृष्ण ने अर्जुन को युद्ध से दुःखी देखकर वीरतापूर्वक युद्ध करने के लिए प्रेरित किया था। इसी के साथ आत्मा-परमात्मा का, योग का, कर्म तथा भक्ति का ज्ञान दिया था। इस उपदेश को अठारह अध्यायों में वर्णन किया गया है, जिनको हम आगे पढ़ेंगे। यहाँ संक्षेप में हम यह बता देते हैं कि महाभारत का युद्ध क्यों लड़ा गया था?

भरत वंश ही कुरुवंश कहलाया। पराक्रमी राजा शांतनु के बड़े पुत्र देवव्रत ने आजीवन विवाह न करने की भीष्म प्रतिज्ञा की तो उन्हें लोग 'भीष्म' नाम से ही जानने लगे। उनके छोटे भाई विचित्रवीर्य के तीन पुत्र हुए। बड़े धृतराष्ट्र जन्म से अंधे थे, बीच के पांडु शरीर के दुर्बल थे और विदुर समझदार तो थे, परंतु दासी-पुत्र होने के कारण उन्हें राजा नहीं, मंत्री बनाया गया। पांडु के पाँच पुत्र थे, जिन्हें 'पांडव' कहा गया। इनके

नाम थे—युधिष्ठिर, भीम, अर्जुन, नकुल तथा सहदेव। धृतराष्ट्र के सौ पुत्र थे, जिनमें बड़ा था दुर्योधन। युधिष्ठिर सबसे बड़े थे। पिता पांडु की असमय मृत्यु के पश्चात् उन्हें राजा बनाया गया। दुर्योधन पांडवों से पहले से ही जलता था। उसका कहना था कि धृतराष्ट्र जन्मांध थे, उनको राजा नहीं बनाया गया, पर उनका पुत्र मैं तो राजा बन सकता हूँ। अतः युधिष्ठिर को राजा नहीं बनाया जाना चाहिए। धृतराष्ट्र राजा बने। दुर्योधन ने पांडवों को मारने के अनेक प्रयत्न किए, लेकिन श्रीकृष्ण की सहायता से वे बचते रहे।

एक बार दुर्योधन और उसके मामा शकुनि ने युधिष्ठिर को जुआ खेलने के लिए बुलाया। चालाकी से उन दोनों ने युधिष्ठिर से सारी संपदा तथा पत्नी द्रौपदी को भी जीत लिया। दुर्योधन ने द्रौपदी को भरी सभा में नग्न करने की ठानी। भगवान् श्रीकृष्ण ने द्रौपदी की साड़ी इतनी लंबी कर दी कि दुःशासन खींचते-खींचते थक गया, साड़ी समाप्त न हुई। अंतिम शर्त में पांडवों को तेरह वर्ष का वनवास दिया गया, जिसमें अंतिम वर्ष में अज्ञातवास की शर्त थी। यदि इस तेरहवें वर्ष में कौरवों (दुर्योधन आदि) को पांडवों के निवास की जानकारी मिल जाती तो उन्हें फिर से बारह वर्ष के लिए वन जाना पड़ता। वास्तव में दुर्योधन उन्हें राज्य से दूर रखने की चाल चल रहा था।

अज्ञातवास में भी कौरवों को पांडवों का पता नहीं लगा तो युधिष्ठिर ने अपना राज्य वापस माँगा। यहाँ तक कि स्वयं श्रीकृष्णजी भी पांडवों के दूत बनकर धृतराष्ट्र की सभा में गए। दुर्योधन ने सूई की नोंक के बराबर भूमि भी पांडवों को देने से इनकार कर दिया। उसने सोचा, हमारे पास सेना है, अनेक राजा हमारे मित्र एवं सहयोगी हैं। पांडव किसी भी प्रकार रण में हमसे जीत नहीं सकते। युद्ध की घोषणा कर दी गई। अनेक राजा कौरवों के साथी थे, वे दुर्योधन के बुलावे पर युद्ध करने आ

गए। अनेक राजा पांडवों को न्याय दिलाने के पक्ष में थे, वे सहायता करने पांडवों के साथ खड़े हो गए।

श्रीकृष्ण के पास दुर्योधन और अर्जुन सहायता माँगने एक ही दिन पहुँचे। श्रीकृष्ण ने कहा, ''आप दोनों ही मेरे संबंधी हैं। मैं युद्ध में हथियार नहीं उठाऊँगा। फिर भी एक ओर मैं रहूँगा और एक ओर मेरी सेना रहेगी। आप दोनों में से एक चुन सकते हैं।'' अर्जुन ने श्रीकृष्ण को चुना। दुर्योधन सारी सेना को लेकर बहुत खुश हुआ। अर्जुन ने श्रीकृष्ण को सखा, संबंधी, हितैषी तथा गुरु रूप में स्वीकार किया था। वह चाहता था, श्रीकृष्ण चाहे युद्ध न करें, परंतु युद्ध में मेरे साथ रहें। अतः उसने श्रीकृष्ण से निवेदन किया कि आप मेरा रथ चलाएँ। श्रीकृष्ण ने अर्जुन का आग्रह सहर्ष स्वीकार कर लिया। श्रीकृष्ण अर्जुन के सारथि बन गए। मार्गदर्शन करने का यही साधन उन्हें उत्तम लगा।

अनुक्रम

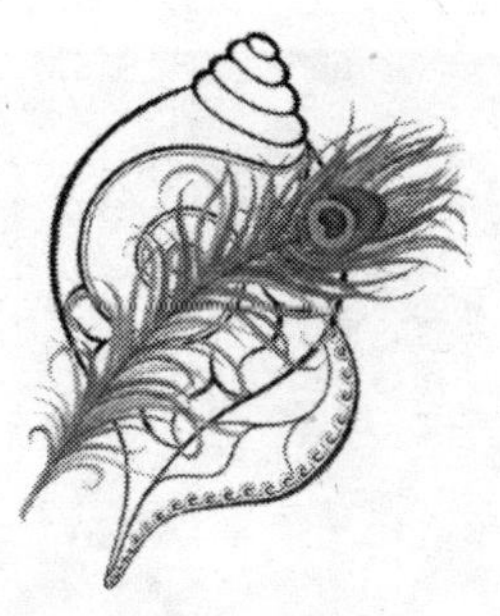

अध्याय-1

युद्धक्षेत्र में दुःखी अर्जुन

गीता के प्रथम अध्याय में 47 श्लोक हैं। इस अध्याय का आरंभ 'धर्मक्षेत्रे कुरुक्षेत्रे…' से होता है। विद्यार्थी पूछ सकते हैं कुरुक्षेत्र को धर्मक्षेत्र क्यों कहा जाता है? इसका उत्तर है—यहाँ राजा कुरु ने तपस्या की थी। कुरु एक सोमवंशी राजा थे। पांडु और धृतराष्ट्र इन्हीं के वंशज थे। यज्ञ, तप, हवन आदि धार्मिक कार्य होने के कारण कुरुक्षेत्र को धर्मक्षेत्र या धर्मभूमि कहा गया है।

महाभारत युद्ध के लिए इस भूमि का चुनाव वस्तुतः इसीलिए किया गया था कि यह धर्मभूमि होने के कारण निश्चित ही धर्म की, सत्य की जीत स्थापित होगी। इस अध्याय में बताया गया है कि दुर्योधन आदि केवल राज्य पाने के लिए युद्ध के इच्छुक थे, जबकि पांडव धर्म को लेकर युद्ध हेतु राजी हुए थे।

अध्याय में यह शिक्षा दी गई है कि अपने घरों में, मुहल्लों में, गाँवों में, प्रांतों में, देशों में, संप्रदायों में दोहरा भाव नहीं रखना चाहिए कि ये अपने हैं, ये पराए हैं। दोहरे भाव से आपस में प्रेम, स्नेह नहीं पनपता, बल्कि कलह, कष्ट जन्म लेते हैं। धृतराष्ट्र ने संबोधन किया है— 'मेरे पुत्र' और 'पांडु के पुत्र'—इससे उनका दोहरापन झलकता है, जो कौरवों

धर्मक्षेत्रे कुरुक्षेत्रे समवेता युयुत्सवः।
मामकाः पाण्डवाश्चैव किमकुर्वत सञ्जय॥

हे संजय! धर्मभूमि कुरुक्षेत्र में इकट्ठे हुए युद्ध की इच्छावाले मेरे और पांडु के पुत्र अब क्या कर रहे हैं?

के विनाश का कारण बना। इससे बचना चाहिए।

अब चूँकि राजा धृतराष्ट्र अंधे थे, परंतु उनके मन में कुरुक्षेत्र में होनेवाले युद्ध को देखने की इच्छा प्रबल थी। उन्होंने अपने सचिव संजय से अपनी जिज्ञासा प्रकट की। संजय महर्षि वेद व्यासजी का शिष्य था। उसे व्यासजी ने दिव्य-दृष्टि दे दी थी। वह मीलों दूर की घटना आसानी से देख और सुन सकता था। कुरुक्षेत्र में होनेवाले युद्ध का आँखों देखा हाल वह सुना रहा था। धृतराष्ट्र के पूछने पर संजय ने युद्ध का जो हाल सुनाया, गीता में वही वर्णित है।

संजय ने बताया कि पांडवों की सेना को सामने खड़ी देखकर दुर्योधन गुरु द्रोणाचार्य के पास गया और उनको बताया कि आपका ही शिष्य द्रुपद पुत्र धृष्टद्युम्न पांडवों की सेना की व्यवस्था कर रहा है। उसने पांडवों के प्रमुख योद्धाओं के नाम गिनवाए, फिर अपनी सेना के भी महारथियों के नाम बताए। उसने भीष्म पितामह की सहायता करने को कहा। भीष्म पितामह ने शंख बजाकर युद्ध करने की चेतावनी दी। फिर तो अन्य सभी योद्धाओं ने अपने-अपने शंख उत्साहपूर्वक बजाए। भगवान् श्रीकृष्ण ने 'पाञ्चजन्य' नामक शंख बजाया। सभी पांडवों के द्वारा बजाए गए शंखों के नाम भी संजय ने धृतराष्ट्र को बताए।

अर्जुन ने अपना गांडीव धनुष उठाया और कहा, "हे श्रीकृष्ण! मेरा रथ दोनों सेनाओं के बीच में ले चलो। मैं देखना चाहता हूँ कि आज मुझे किनसे लड़ना पड़ेगा!"

श्रीकृष्ण तुरंत रथ को दोनों सेनाओं के बीच में ले गए। अब अर्जुन ने देखा कि मुझे भीष्म पितामह से, अपने गुरु आचार्य द्रोण से, अपने संबंधी राजाओं से, भाइयों तथा चाचाओं से युद्ध करना है, तब वह बहुत दुःखी हुआ। संजय ने बताया कि महारथी अर्जुन ने अपना धनुष-बाण रख दिया और अत्यंत दुःखी होकर एक ओर बैठ गया। भगवान् श्रीकृष्ण

समझ गए कि अर्जुन स्वयं को शरीर मान रहा है। वह शरीर के संबंधों को अपना संबंध मानकर दु:खी हो रहा है। उसे शरीर की आवश्यकताओं को तुष्ट और पूर्ण करने की ही इच्छा है। अत: इसे आत्म-ज्ञान दिए जाने की आवश्यकता है। अर्जुन का मन निर्मल है, वह किसी से बदला नहीं लेना चाहता, किसी को अकारण कष्ट देना भी नहीं चाहता। अत: आत्मा का ज्ञान प्राप्त करने के लिए वह सही व्यक्ति है तथा यह समय भी सही है।

इस प्रकार गीता का पहला अध्याय मुख्यत: यह संदेश देता है कि जिनके मन में अधर्म और पाप भरा होता है, वे कमजोर एवं डरपोक होते हैं, उनकी पराजय, उनका नाश निश्चित है। इसके विपरीत जो लोग धर्म का मार्ग अपनाते हैं और सत्य का साथ कभी नहीं छोड़ते, वे निर्भीक एवं साहसी होते हैं, उन्हें सदैव विजय मिलती है।

मुख्य शिक्षाएँ–

- शत्रु पक्ष चाहे कितना भी कमजोर हो और अपना पक्ष चाहे कितना ही सबल हो, ऐसी स्थिति में भी शत्रु पक्ष को कमजोर नहीं समझना चाहिए और अपने अंदर उपेक्षा, उदासीनता आदि की भावना जरा भी नहीं आने देनी चाहिए।
- जिस पक्ष में धर्म और भगवान् रहते हैं, उसका सब पर गहरा प्रभाव पड़ता है। पापी से पापी, दुष्ट से दुष्ट व्यक्ति पर भी उसका प्रभाव पड़ता है।
- धर्म और भगवान् नित्य हैं। कितनी भी ऊँची-से-ऊँची भौतिक शक्तियाँ क्यों न हों, वे सभी अनित्य हैं।
- अधर्म और अन्याय व्यक्ति को डरपोक बना देते हैं।
- अन्यायी, पापी व्यक्ति कभी निर्भय और सुख-शांति से नहीं रह सकता। यह प्रकृति का अटल नियम है।

- जो व्यक्ति नाशवान धन-संपत्ति को श्रेष्ठ समझता है, अधर्म, अन्याय और दुर्भावना से भरा होता है, वह भीतर से खोखला होता है और वह कभी निर्भय नहीं होता।
- जिस व्यक्ति के भीतर भगवान् बसते हैं, जो धर्म का पालन करता है, वह कभी भयभीत नहीं होता। उसका बल सच्चा होता है। वह सदा निश्चिंत और निर्भय रहता है।
- महाभारत के युद्ध में अर्जुन ने भगवान् श्रीकृष्ण का वरण किया। जिसकी दृष्टि भगवान् पर होती है, उसका हृदय बलवान होता है, क्योंकि भगवान् का बल सच्चा बल है।
- महाभारत के युद्ध में दुर्योधन ने नारायणी सेना का वरण किया। उसने सांसारिक वैभव का चुनाव किया। जिसकी दृष्टि सांसारिक वैभव पर होती है, उसका हृदय कमजोर होता है, क्योंकि संसार का बल कच्चा होता है।
- जहाँ विद्या का संबंध होता है, वहाँ पक्षपात नहीं होता; लेकिन जहाँ पारिवारिक संबंध होता है, वहाँ स्नेहवश पक्षपात हो जाता है।
- जो व्यक्ति ऊँचे स्थान पर नियुक्त होने पर स्वयं को बड़ा मानता है, वह स्वयं वास्तव में छोटा ही होता है, लेकिन जो स्वयं बड़ा होता है, वह जहाँ भी रहे, बड़ा माना जाता है।
- खुद का किया हुआ पाप, अन्याय व्यक्ति को निर्बल बना देता है।
- अधर्म अधर्मी को खा जाता है।
- पारिवारिक स्नेह में व्यक्ति अपने कर्तव्य-पथ से भटक जाता है और गलत दिशा की ओर मुड़ जाता है। इससे बचते हुए उसे तटस्थ बने रहना चाहिए।
- इतना मिल गया, इतना और मिल जाए, फिर ऐसा मिलता ही रहे—ऐसे धन, जमीन, मकान, आदर, प्रशंसा, पद, अधिकार आदि की

तरफ बढ़ता आकर्षण लोभ कहलाता है। इससे किसी का भला नहीं होता।

- लोभ की आदत के कारण विवेक शक्ति का नाश हो जाता है।
- संयोग यानी मिलन में जितना सुख नहीं होता, वियोग या जुदाई में उससे अधिक दुःख होता है अर्थात् पहले वस्तुओं का जो निरंतर अभाव था, वह इतना दुःखदायी नहीं था। जितना वस्तुओं का संयोग होकर उनसे वियोग होना दुःखदायी है। ऐसा होने पर व्यक्ति में लोभ जन्म ले लेता है और वह किसी भी प्रकार से उन्हें पाने की चेष्टा करता है।
- जहाँ लड़ाई होती है, वहाँ समय, संपत्ति, शक्ति का नाश हो जाता है। तरह-तरह की चिंताएँ और मुसीबतें आ जाती हैं।
- धर्म का पालन करने से मन शुद्ध हो जाता है। मन शुद्ध होने से बुद्धि सात्विक बन जाती है। सात्विक बुद्धि में क्या करना चाहिए और क्या नहीं करना चाहिए, इसका विवेक जाग्रत् रहता है।
- अधर्म का पालन करने से मन अशुद्ध हो जाता है और गलत कार्यों की ओर मुड़ जाता है।
- होनी को रोकना मनुष्य के वश में नहीं है, लेकिन अपने कर्तव्य का पालन करके मनुष्य अपना उद्धार कर सकता है और कर्तव्य से डिगकर अपना पतन कर सकता है।

□

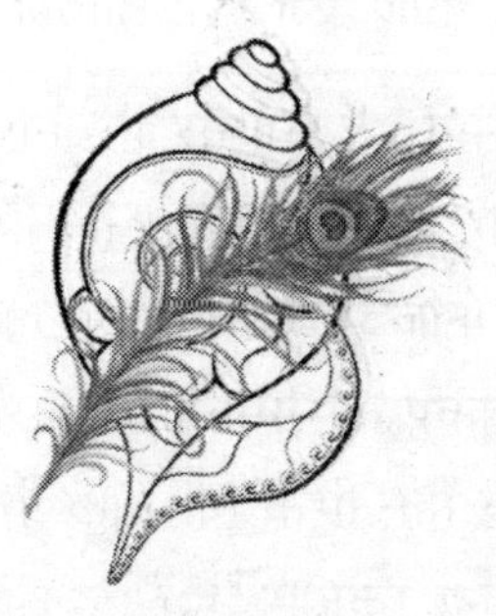

अध्याय-2

आत्मा का ज्ञान

गीता के दूसरे अध्याय में 72 श्लोक हैं। भगवान् श्रीकृष्ण अर्जुन के रथ के सारथी बने हैं। रथ रणभूमि के मध्य खड़ा है। अपने सामने विपक्षी योद्धाओं में अपने प्रियजन को देखकर अर्जुन अत्यंत विचलित होकर युद्ध से अलग होने की इच्छा करते हैं, तब श्रीकृष्ण उन्हें विभिन्न प्रकार से समझाते हैं। वे कहते हैं कि युद्ध भी एक कर्तव्य कर्म की भाँति उनके सामने आया है, इससे भागना कायरता और अकर्मण्यता है। कल्याण चाहनेवाले लोग प्रवृत्ति और निवृत्ति; दोनों में अपने कल्याण का ही उद्देश्य रखते हैं।

भगवान् यह संदेश देते हैं कि आसन्न स्थिति से पलायन करना न तो कल्याणकारी होता है, न स्वर्गदायी; इससे कीर्ति भी नहीं मिलती, बल्कि इससे मनुष्य का पतन हो जाता है और वह नरकगामी होता है। सबसे महत्त्वपूर्ण बात, जो भगवान् श्रीकृष्ण समझाना चाहते हैं, वह यह है कि धर्म और सच्चाई की स्थापना के लिए यदि हमें अपने सगे-संबंधियों से भी भिड़ना पड़े, उनका विरोध करना पड़े तो भी इसमें कोई बुराई नहीं है। यह कर्तव्य-कर्म है और इससे डिगना कायरता एवं बुराई का साथ देना है। विद्यार्थियों को यह बात गाँठ में बाँध लेनी चाहिए।

वासांसि जीर्णानि यथा विहाय नवानि गृह्णाति नरोऽपराणि।
तथा शरीराणि विहाय जीर्णान्यन्यानि संयाति नवानि देही॥

मनुष्य जैसे पुराने कपड़ों को छोड़कर दूसरे नए कपड़े धारण कर लेता है, ऐसे ही आत्मा पुराने शरीर को छोड़कर दूसरे नए शरीर में चला जाता है।

संजय ने धृतराष्ट्र को बताया कि निर्मल एवं निष्पाप मनवाले दुःखी अर्जुन को श्रीकृष्ण ने इस प्रकार समझाया—'हे अर्जुन! तुम जिस मार्ग पर चलना चाहते हो, यह आर्यों का मार्ग नहीं है। इससे तुम अपयश के भागी बनोगे। कायरता मत करो। मन की कमजोरी को त्यागकर युद्ध के लिए तैयार हो जाओ।' अर्जुन ने कहा, 'भगवन्! अपने पूज्य दादा भीष्म से, अपने ही महान् गुरु द्रोणाचार्य से मैं कैसे लड़ूँगा? ऐसे अपने पूज्य जन को मारकर मैं कभी सुखी नहीं हो सकता। इसे मेरी दुर्बलता कहें या कायरता! मैं अपना संतुलन खो बैठा हूँ। मैं भ्रमित हूँ। आपका शिष्य हूँ, आपकी शरण में हूँ। कृपया मुझे उचित राह दिखाइए। मुझे नहीं लगता कि सारी दुनिया का राज्य पाकर भी गुरुजन की हत्या करने के पाप से छूटकर मैं कभी सुखी हो पाऊँगा।'

संजय ने धृतराष्ट्र को बताया कि ऐसा कहकर अर्जुन मौन हो गया। धृतराष्ट्र भीतर-ही-भीतर खुश हुआ, फिर संजय बोला—भगवान् श्रीकृष्ण ने अर्जुन से कहा, 'विद्वानों की तरह बोल रहे हो, परंतु कायरों जैसा व्यवहार कर रहे हो! विद्वान् किसी के लिए शोक नहीं किया करते। सच तो यह है कि मैं और तुम और ये राजा पहले भी थे और फिर भी रहेंगे। इसका अर्थ है कि आत्मा कभी नहीं मरती, केवल शरीर बदलती है। जैसे शरीर पैदा होता है, बच्चे से किशोर, युवा और बूढ़ा होता है, ऐसे ही आत्मा एक दिन शरीर बदलकर दूसरे शरीर में चली जाती है। समझदार लोग इस शरीर से मोह नहीं करते। शरीर का अंत होना तो निश्चित ही है, परंतु आत्मा का कभी नाश नहीं होता। जो इस आत्मा को मारनेवाला समझता है या मरा हुआ समझता है, वह अज्ञानी है। वास्तव में आत्मा न मारती है, न मारी जा सकती है। वह कभी पैदा नहीं होती और कभी मरती भी नहीं। आत्मा तो शरीर को उस तरह बदलकर दूसरे शरीर को धारण कर लेती है, जैसे हम अपने फटे-पुराने कपड़े छोड़कर नए कपड़े

पहन लेते हैं। हे अर्जुन! यह आत्मा किसी हथियार से काटी नहीं जा सकती। इसे आग जला नहीं सकती, हवा सुखा नहीं सकती, जल भी उसे भिगो नहीं सकता। आत्मा की सनातनता अर्थात् सदा रहने के गुण को जानकर तुम्हें शरीर के लिए शोक नहीं करना चाहिए। शरीर जो जन्म लेता है, वह अवश्य मरता है। जो मरता है, वह फिर कहीं जन्म अवश्य लेता है। अतः शोक करने का कोई कारण नहीं है।

'हे भरतवंशी अर्जुन! सभी शरीरों में आत्मा रहती है। आत्मा को कभी मारा नहीं जा सकता और शरीर को सदा जीवित नहीं रखा जा सकता। अपने कर्तव्य और परिस्थिति को समझकर तुम्हें अपने धर्म का पालन अर्थात् युद्ध करना चाहिए। यदि तुम युद्ध रूपी अपने कर्तव्य का पालन नहीं करोगे तो तुम्हें पाप लगेगा। संसार के नियम के अनुसार लोग तुम्हारी निंदा करेंगे, अपयश तो मृत्यु से भी अधिक दुःखदायी है। कोई यह नहीं समझेगा कि तुमने गुरुजनों का सम्मान करते हुए युद्ध में शस्त्र नहीं उठाए, सब तुम्हें भयभीत और कायर ही मानेंगे। यह अपयश तुम्हें बहुत कष्ट देगा। अतः हे वीर पार्थ! तुम युद्ध करो। सुख और दुःख में, लाभ और हानि में, जीत और हार में लगाव मत रखो। एक समान भाव रखकर और कर्तव्य मानकर युद्ध करोगे तो तुम्हें कभी पाप नहीं लगेगा। इस प्रकार कर्म करने को 'निष्काम कर्म' कहा जाता है। निष्काम कर्म करने से आत्मा को पाप नहीं लगता, वह कर्म-बंधन से मुक्त हो जाती है।

'जब तक तुम लाभ के लिए या जीत के लिए कर्म करोगे, तब तक हर कर्म तुम्हें बंधन में बाँधेगा। दुविधा और स्वार्थ छोड़कर आत्मा के सत्य को जानते हुए निष्काम कर्म करो।

'जीत-हार की इच्छा से मुक्त होकर कर्म करना ही 'समता योग' है। जो दैहिक, दैविक और भौतिक तापों के भय से विचलित नहीं होता,

दु:ख में रोता नहीं और सुख में नाचता नहीं, क्रोध और घृणा से परे है, जिसमें किसी के लिए आसक्ति नहीं है, वह स्थिर मनवाला 'मुनि' कहलाता है। अपनी इंद्रियों को वश में करके जो परमात्मा में स्थिर कर देता है, वह 'स्थिर बुद्धि' कहलाता है। सच है कि इंद्रियाँ ही सब परेशानी का कारण हैं। इनकी आसक्ति से काम (इच्छा) उत्पन्न होता है। कामना पूरी न होने से क्रोध पैदा होता है। क्रोध से व्यक्ति मोह में फँस जाता है। मोह से स्मृति नष्ट हो जाती है। इससे बुद्धि का नाश होता है। बुद्धि नष्ट होने से सबकुछ नष्ट हो जाता है। अत: इंद्रियों को संयमित करके, बुद्धि को परमात्मा (श्रीकृष्ण) में स्थिर करके, जो अपने कर्तव्य (धर्म) का पालन करता है, वह सब पापों से मुक्त हो जाता है।'

इस प्रकार हम देखते हैं कि इस अध्याय में कर्तव्य का महत्त्व बताया गया है। कहा गया है कि जो व्यक्ति अपने कर्तव्य का पालन नहीं करता, उसे शांति नहीं मिल सकती। कर्तव्य-पालन में दृढता न रहने से अशांति उत्पन्न होती है। जो अशांत होता है, हृदय में मची हलचल के कारण दु:खी रहता है। बाहर से उसे कितने ही सुख मिल जाएँ, वह सुखी नहीं हो सकता।

मुख्य शिक्षाएँ–

- गुरु तो उपदेश दे देंगे; जिस मार्ग का ज्ञान नहीं है, उसका ज्ञान करा देंगे; पूरा प्रकाश दे देंगे, पूरी बात बता देंगे; पर मार्ग पर तो स्वयं शिष्य को ही चलना होगा। अपना कल्याण तो शिष्य को स्वयं करना होगा।
- व्यक्ति तब बड़े दु:खी होते हैं, जब वे अपने-पराए में भेद करते हैं और चीजों तथा लोगों को निजी और पराए में विभक्त कर लेते हैं।

- हमारे सामने जन्म-मृत्यु, लाभ-हानि आदि के रूप में जो भी परिस्थिति आती है, वह अपने किए हुए कर्मों का ही फल होता है।
- परिस्थिति चाहे अनुकूल आए या प्रतिकूल, उसका आरंभ और अंत होता ही है। ऐसी अस्थायी परिस्थिति के लिए खुश होना या दुःखी होना केवल मूर्खता है अर्थात् हमें हर स्थिति में तटस्थ रहना चाहिए।
- शरीर नाशवान है और इसमें रहनेवाला आत्मा शाश्वत्। इसलिए नाशवान शरीर के लिए शोक करना व्यर्थ है, क्योंकि वह तो अवश्यंभावी है।
- विचार से कर्तव्य का बोध होता है और चिंता से विचार नष्ट होता है।
- शरीर एक क्षण भी हमारे साथ नहीं रहता और परमात्मा निरंतर हमारे साथ रहते हैं। इसलिए शरीर को अपना मानना और परमात्मा को अपना न मानना; सबसे बड़ी भूल है।
- अनेक युग बदल जाएँ तो भी आत्मा बदलती नहीं, वह ज्यों का त्यों ही रहती है; क्योंकि वह परमात्मा का अंश है, परंतु शरीर बदलता ही रहता है, क्षण मात्र भी वह नहीं रहता।
- शरीर जन्म से पहले भी नहीं था, मरने के बाद भी नहीं रहेगा तथा वर्तमान में भी प्रतिक्षण मर रहा है। अतः इस शरीर का मोह नहीं करना चाहिए।
- जिसको हम चाहते हैं, ऐसी अनुकूल वस्तु, व्यक्ति, घटना, देश, काल आदि के मिलने से सुख होता है और जिसको हम नहीं चाहते, ऐसी प्रतिकूल वस्तु, व्यक्ति, परिस्थिति आदि के मिलने से दुःख होता है।

- ज्यादा सरदी पड़ने से वृक्ष सूख जाता है और ज्यादा गरमी से भी वृक्ष सूख जाता है। अतः परिणाम में सरदी और गरमी दोनों एक ही हैं। इसी तरह अनुकूलता और प्रतिकूलता भी एक ही है; भगवान् इनसे ऊँचा उठने की सलाह देते हैं।
- जो व्यक्ति धीर होता है, वह दुःख-सुख में एक समान रहता है। भगवान् कहते हैं; ऐसा व्यक्ति अमरता पाने के योग्य हो जाता है।
- शास्त्र और संत किसी को बाध्य नहीं करते कि तुम हमारे में श्रद्धा करो। श्रद्धा करने अथवा न करने में मनुष्य स्वतंत्र है।
- अपने कर्तव्य का पालन करने में जो सुख है, वह सुख सांसारिक भोगों को भोगने में नहीं है। सांसारिक भोगों का सुख तो पशु-पक्षियों को भी होता है, अतः जिन्हें कर्तव्य पालन का अवसर मिलता है, वे बड़े भाग्यशाली होते हैं।
- थोड़े-से-थोड़ा त्याग भी सत् है और बड़ी-से-बड़ी क्रिया भी असत् है। क्रिया का तो अंत होता है, पर त्याग अनंत होता है।
- मनुष्य जन्म भोग भोगने के लिए नहीं मिलता, कर्तव्य का पालन करके अपना उद्धार करने के लिए मिलता है।
- कर्मयोगी अपने कर्तव्य-कर्म द्वारा संसार की सेवा करता है। वह दूसरों के सुख में सुखी और दूसरों के दुःख में दुःखी होता है।
- दुःख आने पर मनुष्य को घबराना नहीं चाहिए, बल्कि उन्हें भोगकर नष्टकर देना चाहिए ताकि वे दोबारा लौटकर न आएँ।
- कर्म का फल अवश्य मिलता है। उसका त्याग कोई नहीं कर सकता।
- मनुष्य का केवल अपने कल्याण का उद्देश्य हो और धन-संपत्ति, कुटुंब-परिवार आदि से कोई स्वार्थ का संबंध न हो तो वह सांसारिक मोह से तर जाता है।

- मन को वश में रखना अत्यंत आवश्यक है। मन को वश में रखकर ही हम अपने कर्तव्य-कर्म को बिना स्वार्थ के कर सकते हैं।
- अगर हमारा मन साफ होता है तो कोई दु:ख हमें अप्रसन्न नहीं कर सकता।
- मन को खिन्नता से बचाने के लिए आवश्यक है कि हम संसार की प्रिय-से-प्रिय वस्तु मिलने पर प्रसन्न न हों तथा अप्रिय-से-अप्रिय वस्तु मिलने पर भी विचलित न हों।

□

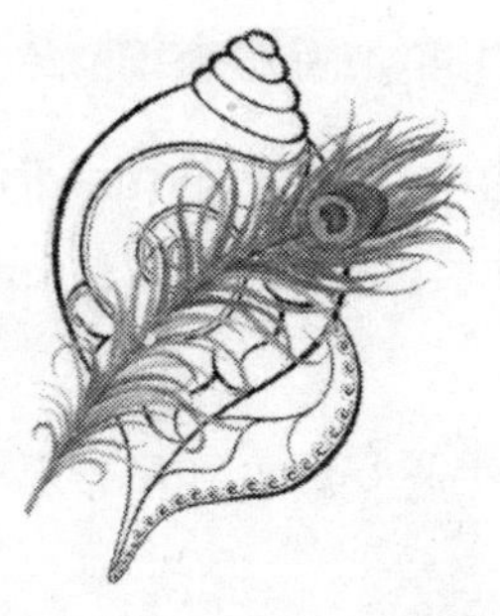

अध्याय-3

कर्म का मर्म

गीता के तीसरे अध्याय में 43 श्लोक हैं। युद्धभूमि में रथ पर विचलित बैठे अर्जुन अभी तक कर्तव्य और अकर्तव्य के बीच झूल रहे हैं। वे युद्ध का निर्णय नहीं कर पा रहे हैं, इसलिए यह सिद्ध करना चाहते हैं कि युद्धरूपी कर्म से ज्ञान का आश्रय लेकर युद्ध से अलग हो जाना श्रेयस्कर है, चाहे इसके लिए उन्हें राज-पाट से च्युत होना पड़े। अर्जुन ऐसे कर्म से बचना चाहते हैं, जिसमें दिन भर उन्हें अपने कुटुंबियों की हत्या करनी पड़े। इसलिए वे भगवान् श्रीकृष्ण से पूछते हैं, 'मेरा कल्याण कर्म करने से होगा या ज्ञान से होगा?'

तब भगवान् श्रीकृष्ण उन्हें विभिन्न प्रकार से समझाते हुए कहते हैं कि बिना कामना के कर्म-कर्तव्य करने से कर्मों में फल देने की शक्ति का उसी प्रकार सर्वथा अभाव हो जाता है, जिस प्रकार बीज को उबाल लेने पर उसमें अंकुरित होने की शक्ति नष्ट हो जाती है और कामना का त्याग तभी होता है, जब सभी कर्म दूसरों की सेवा के लिए किए जाएँ, अपने लिए नहीं।

श्री कृष्ण ने ज्ञान की बात भी समझाई और कर्म करने को भी कहा तो अर्जुन ने कहा, 'हे केशव! आप बुद्धि को कर्म से श्रेष्ठ बता रहे हैं,

न हि कश्चित्क्षणमपि जातु तिष्ठत्यकर्मकृत्।
कार्यते ह्यवशः कर्म सर्वः प्रकृतिजैर्गुणैः।।

निःसंदेह कोई भी मनुष्य किसी भी अवस्था में क्षणमात्र भी कर्म किए बिना नहीं रह सकता; क्यों प्रकृति के परवश हुए सब प्राणियों से प्रकृतिजन्य गुण कर्म करवा ही लेते हैं।

फिर मुझे इस युद्ध का कर्म करने के लिए क्यों कह रहे हैं? मैं दुविधा में हूँ। मुझे आप साफ-साफ समझाएँ कि मैं क्या करूँ?'

भगवान् कृष्ण बोले, 'हे निष्पाप अर्जुन! ईश्वर को प्राप्त करने के लिए ज्ञान का रास्ता भी है और भक्ति की राह भी है। जहाँ तक कर्म की बात है, कर्म करने से कोई बच नहीं सकता। कोई ज्ञानी-अज्ञानी कर्म किए बिना क्षण भर को भी नहीं रह सकता। अत: अपना नियत कर्म समझकर करना चाहिए। अनजाने कर्म करने से जानकर श्रेष्ठ कर्म करना श्रेष्ठ है।

'जो व्यक्ति आत्मा के ज्ञान को प्राप्त कर लेता है, उसे फिर कर्म करने की आवश्यकता नहीं रहती। दैनिक स्वाभाविक कर्मों से उसे कोई बंधन नहीं होता। बिना आसक्ति (लगाव) या लालच के किए गए कर्म मनुष्य को बंधन में नहीं बाँधते, वे कर्म ईश्वरीय हो जाते हैं। अज्ञानी जन फल की इच्छा से कर्म में लगे रहते हैं, परंतु ज्ञानी जन को बिना लालच और लगाव के कर्म करते रहना चाहिए, ताकि उन्हें देखकर अन्य जन भी नियत कर्म करते रहें।

'प्रकृति के तीन गुण हैं—सत, रज और तम। इन्हीं के आधार पर सब कर्म होते हैं। अहंकार के कारण ही मानव स्वयं को कर्ता मानने लगता है। अत: हे परम तपस्वी अर्जुन! अपने सभी कर्मों के परिणामों को मुझे समर्पित करके, लोभ से रहित होकर तथा अपने कर्तापन के अहंकार को छोड़कर युद्ध करो। जो व्यक्ति इस ज्ञान को जानकर ईर्ष्या रहित होकर कर्म करते हैं, वे कार्य के बंधन से मुक्त हो जाते हैं।'

अर्जुन ने पूछा, 'हे वासुदेव! मनुष्य न चाहते हुए भी पाप क्यों करता है? कोई मानो जबरन उसे पाप के लिए प्रेरित करता है।'

भगवान् श्रीकृष्ण ने समझाया, 'रजो गुण तथा तमो गुण ही पाप की प्रेरणा हैं। जिस प्रकार अग्नि धुएँ से, दर्पण धूल से ढका रहता है, उसी

तरह जीवात्मा भी काम भावना से ढका रहता है। मनुष्य की इंद्रियाँ मन तथा बुद्धि पर काम-भावना का मैल चढ़ाए रहती हैं और वास्तविक ज्ञान को ढक लेती हैं। आत्म-साक्षात्कार से ही यह मैल साफ हो सकता है। आत्मा का ज्ञान ही एकमात्र मार्ग है, इसके बिना मन तथा इंद्रियों पर नियंत्रण नहीं किया जा सकता।

इस प्रकार, गीता के इस अध्याय में भगवान् श्रीकृष्ण द्वारा अनेक संदेश दिए गए हैं। विद्यार्थियों को इन्हें जीवन में उतारना चाहिए। इस अध्याय में कर्म पर विशेष जोर दिया गया है और उसे आवश्यक कहा गया है। कर्म के बिना मनुष्य का गुजारा ही नहीं है। कर्म ऐसे करने चाहिए कि वे स्वतः होते चले जाएँ; बिना राग-द्वेष के। दूसरी बात, इंद्रियों को वश में रखना बेहद जरूरी बताया गया है, क्योंकि जो इंद्रियों के वश में होता है, वह अनेक बुरे कर्म करके अपने जीवन का पतन कर लेता है। तीसरी और अहम बात, कामना या इच्छा पर नियंत्रण, क्योंकि कामना पर नियंत्रण न पाने से इनका अनवरत सिलसिला बना रहता है और इनसे कभी छुटकारा नहीं मिलता तथा व्यक्ति कामना की तुष्टि के लिए अपना जीवन दाँव पर लगा देता है।

मुख्य शिक्षाएँ–

- जिस स्थिति में मनुष्य के कर्म अकर्म हो जाते हैं, अर्थात् बंधन में नहीं डालते, उस स्थिति को 'निष्कर्मता' कहते हैं।
- गीता में शरीर, वचन और मन से ही गई क्रियाओं को भी कर्म माना गया है। जैसे नींद, चिंतन, समाधि, बोलना, स्थूल क्रियाएँ करना इत्यादि।
- विवेकहीन व्यक्ति बाहर से तो इंद्रियों की क्रियाओं को हठपूर्वक रोक देता है, पर मन से इंद्रियों के विषयों का चिंतन करता रहता

है और इस स्थिति को अकर्म, अक्रिया मान लेता है। ऐसा व्यक्ति ढोंगी कहलाता है।

- जब हम मन से इंद्रियों को अपने वश में कर लेते हैं तो इंद्रियाँ जिद नहीं करतीं; उनको जहाँ लगाना चाहें, वहीं वे लग जाती हैं और जहाँ से उनको हटाना चाहें, वहाँ से वे हट जाती हैं।
- जब कर्म अपने लिए न करके दूसरों के हित के लिए किया जाता है तो वह कर्मयोग कहलाता है।
- अपने लिए कर्म करने से अपना संबंध कर्म तथा कर्मफल के साथ हो जाता है और अपने लिए कर्म न करके दूसरों के लिए कर्म करने से कर्म तथा कर्मफल का संबंध दूसरों के साथ तथा परमात्मा का संबंध अपने साथ हो जाता है।
- जिस व्यक्ति के भीतर कर्म करने का वेग, आसक्ति, रुचि तो है, पर अपना कल्याण करने की इच्छा मुख्य है, ऐसे व्यक्ति को नए-नए कर्म आरंभ करने की जरूरत नहीं है। उसके लिए केवल प्राप्त परिस्थिति का सदुपयोग करने की आवश्यकता है।
- व्रत, उपवास, उपासना, पूजा-पाठ इत्यादि विहित कर्म कहे गए हैं। जो व्यक्ति झूठ बोलना, चोरी करना, हिंसा करना इत्यादि निषिद्ध कर्मों का त्याग कर देता है, उसके विहित कर्म स्वतः होने लगते हैं।
- कर्म का त्याग करने की अपेक्षा नियत कर्म करना श्रेष्ठ है और आसक्ति-रहित होकर कर्म करना तो और भी श्रेष्ठ माना गया है, क्योंकि इससे कर्मों के साथ संबंध टूट जाता है।
- भगवान् श्रीकृष्ण कहते हैं, "कर्तव्य-कर्मों से जी चुरानेवाला व्यक्ति नींद, आलस्य और भ्रम में अपना अमूल्य समय नष्ट कर देता है, जिससे उसका पतन हो जाता है।"

- आसक्ति और स्वार्थ भाव से कर्म करना ही बंधन का कारण है। बंधन भाव से होता है, क्रिया से नहीं।
- मनुष्य कर्मों से नहीं बँधता, बल्कि कर्मों में जो आसक्ति और स्वार्थ भाव रखता है, उसमें ही वह बँधता है।
- जो कुछ किया जाता है, संसार की सहायता से ही किया जाता है। अत: 'करना' संसार के लिए ही है। अपने लिए करने से ही व्यक्ति कर्मों से बँधता है।
- दूसरों के हित की भावना से किए जानेवाले सब कर्म 'यज्ञ' हैं। अपने वर्ण, आश्रम धर्म, जाति, स्वभाव, देश, काल आदि के अनुसार प्राप्त कर्तव्य-कर्म 'यज्ञ' के अंतर्गत आते हैं।
- विधान के अनुसार कर्तव्य-कर्म करने की सामग्री जिस-जिसको, जो-जो भी मिली हुई है, वह कर्तव्य पालन करने के लिए उस-उसको पूरी-की-पूरी प्राप्त है। कर्तव्य पालन की सामग्री कभी किसी के पास अधूरी नहीं होती।
- हमारे जितने भी सांसारिक संबंधी, माता-पिता, भाई-बहन, चाचा-चाची आदि हैं, उन सबकी हमें सेवा करनी है। अपना सुख लेने के लिए ये संबंध नहीं हैं। हमारा जिनके साथ जैसा संबंध है, उसी के अनुसार उनकी सेवा करना, मर्यादा के अनुसार उन्हें सुख पहुँचाना हमारा कर्तव्य है। उनसे कोई आशा रखना और उन पर अपना अधिकार मानना बहुत बड़ी भूल है। हम उनके ऋणी हैं और ऋण उतारने के लिए उनके यहाँ हमारा जन्म हुआ है। अत: नि:स्वार्थ भाव से उन संबंधियों की सेवा करके हम अपना ऋण चुका दें।
- अपने-अपने कर्तव्य का पालन करने से स्वत: ही एक-दूसरे की उन्नति होती है।

- मनुष्य का जन्म उसके अपने कल्याण के लिए ही मिलता है, इसलिए जो मनुष्य बिना किसी इच्छा के कर्तव्य कर्म करता है, उसका कल्याण अवश्यंभावी है।
- व्यक्ति के लिए सृष्टि द्वारा जो भी कर्तव्य नियत किया गया है, उसका उद्देश्य ईश्वर की प्राप्ति करना है, जो सभी का कल्याण करते हैं। जब व्यक्ति किसी भी साधन (कर्मयोग, ज्ञानयोग, भक्तियोग) द्वारा अपने उद्देश्य को पूर्ण कर लेता है तो उसके लिए कुछ भी करना, जानना अथवा पाना शेष नहीं रहता, यह मनुष्य जीवन की परम सफलता है।
- साधारण व्यक्ति इच्छा-पूर्ति के लिए कर्म करते हैं और कर्मयोगी इच्छा-मुक्ति के लिए।
- सहज कर्म में यदि कोई दोष दिखाई दे तो भी उसका त्याग नहीं करना चाहिए, क्योंकि सहज कर्म को करता हुआ मनुष्य कभी पाप का भागी नहीं बनता।
- जो व्यक्ति शरीर, इंद्रियाँ, मन, बुद्धि, धन, कुटुंब, जमीन आदि पदार्थों को संसार का मानता है, अपना नहीं, वह श्रेष्ठ होता है।
- जिस व्यक्ति के मन में इच्छा, ममता, आसक्ति, स्वार्थ, पक्षपात आदि दोष नहीं होते, उसके शब्दों का दूसरों पर अनुकूल प्रभाव पड़ता है और लोग वैसा ही आचरण करने लगते हैं।
- अगर किसी कर्म की बार-बार याद आती है तो यही समझना चाहिए कि उस कर्म में कोई त्रुटि हुई है।
- इच्छा मनुष्य से वह करा लेती है, जो वह नहीं करना चाहता, अतः इच्छा पर नियंत्रण करना चाहिए।

□

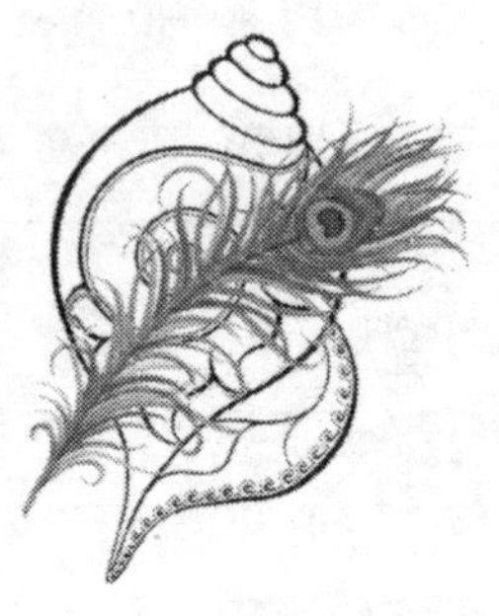

अध्याय-4

संसार के ज्ञान से अलग है दिव्य ज्ञान

गीता के इस अध्याय में 42 श्लोक पिरोए गए हैं। इस अध्याय में कर्मयोग का महत्त्व बताया गया है और इसका गहन विश्लेषण किया गया है। भगवान् श्रीकृष्ण कहते हैं कि जो व्यक्ति गृहस्थाश्रम में रहकर अपने सभी कर्म निर्लिप्त भाव से संपन्न करता है, वह सबसे श्रेष्ठ कर्मयोगी है। गृहस्थ आश्रम सभी आश्रमों में श्रेष्ठ आश्रम है, क्योंकि इसी से सभी अन्य आश्रम—ब्रह्मचर्य, वानप्रस्थ व संन्यास आश्रम बनते, फलते और फलीभूत होते हैं, क्योंकि गृहस्थ आश्रम ही वह आश्रम है, जो हमें ब्रह्मचर्य, वानप्रस्थ और संन्यास आश्रम वरण करने के योग्य बनाता है। अंततः हम गृहस्थ आश्रम के माध्यम से ही उत्पन्न होते हैं।

विद्यार्थी, जो एक तरह से अभी ब्रह्मचर्य आश्रम का पालन कर रहे हैं, इस अध्याय में मौजूद कर्मयोग की शिक्षा को जीवन में उतारकर सामाजिक और राष्ट्रजीवन के लिए उपयोगी हो सकते हैं।

इस अध्याय में भगवान् श्रीकृष्ण रणभूमि में अर्जुन को दिव्य ज्ञान का उपदेश देते हुए कहते हैं, 'दिव्य ज्ञान का उपदेश मैंने सूर्य को दिया था। विवस्वान सूर्य ने यही ज्ञान अपने पुत्र मनु को दिया। मनु ने अपने

पुत्र इक्ष्वाकु को दिया। अधिक समय बीत जाने के कारण वह लुप्तप्राय हो गया है, वही दिव्य ज्ञान आज मैं तुम्हें दे रहा हूँ। हे अर्जुन! तुम मेरे मित्र और भक्त हो। निर्मल मनवाले हो, अतः दिव्य ज्ञान पाने योग्य हो।'

अर्जुन अभी तक कृष्ण को समझदार सखा ही मान रहे थे। अतः आश्चर्य से कहा, 'हे कृष्ण! आप तो इस युग में हैं। सूर्य तो कल्पों पूर्व से है। फिर सूर्य को आप ने यह ज्ञान कैसे दिया?' तब श्रीकृष्णजी ने समझाया—'मेरा और तुम्हारा जन्म अनेक बार हो चुका है। अंतर यही है कि मुझे हर जन्म का ज्ञान है और तुम्हें किसी भी जन्म की याद नहीं है। सत्य तो यह है कि मैं अजन्मा हूँ, अविनाशी भी हूँ, सभी प्राणियों का स्वामी भी हूँ, फिर भी मैं हर युग में किसी दिव्य रूप में प्रकट होता हूँ।

'मैं अवतार तभी धारण करता हूँ, तब संसार में धर्म की हानि होती है, अधर्म बढ़ जाता है, तब सज्जनों की सुरक्षा करने के लिए, पापों के विनाश के लिए तथा पुनः धर्म की स्थापना के लिए मैं अवतार लेता हूँ। हे अर्जुन! मेरा अवतार लेना दिव्य है। जो मेरे दिव्य स्वरूप को समझ जाता है, वह जन्म-मरण के चक्र से मुक्त हो जाता है। सत, रज और तम, तीनों गुणों से युक्त यह सृष्टि मेरे द्वारा ही बनाई गई है, फिर भी किसी कर्मफल का बंधन मुझे नहीं बाँधता। इस सत्य को जो जान लेता है, और निष्काम कर्म करता है, वह भी बंधन-मुक्त हो जाता है। पूर्वकाल में हुए ऐसे ज्ञानी, भक्तों के समान तुम्हें भी बिना फल की कामना के युद्ध आदि कर्म करने चाहिए।

'कर्म की बारीकियों को समझना आवश्यक है। यह जानना आवश्यक है कि कर्म, विकर्म तथा अकर्म क्या होते हैं! जो व्यक्ति सभी कर्म इंद्रियों की तृप्ति के लिए नहीं करता, वही ज्ञानी है, वही विद्वान् है। ज्ञान की अग्नि से वह अपने कर्म-फल को भस्म कर देता है। ऐसा ज्ञानी सारे स्वामित्व को त्याग देता है। केवल शरीर-निर्वाह के लिए आवश्यक

अपरं भवतो जन्म परं जन्म विवस्वतः।
कथमेतद्विजानीयां त्वमादौ प्रोक्तवानिति॥

हे स्वामी! आपका जन्म तो अभी का है और सूर्य का जन्म बहुत पुराना है; अतः आपने ही सृष्टि के आरंभ में सूर्य से ऐसा कहा था, यह बात मैं कैसे समझूँ?

कर्म करता है, वह पाप से प्रभावित नहीं होता। जो व्यक्ति अपने आप हुए लाभ से संतुष्ट रहता है, द्वेष तथा ईर्ष्या नहीं करता, सफलता तथा असफलता में समान भाव से स्थिर रहता है, वह कभी कर्म के बंधन में नहीं बाँधा जाता।

'जो व्यक्ति इस ज्ञान को समझ लेता है कि सृष्टि की प्रक्रिया भी एक यज्ञ है। इस यज्ञ में अर्पण की जानेवाली सामग्री भी ईश्वर है। यज्ञकर्ता भी ईश्वर है। यज्ञ का प्रसाद भी ईश्वर है, यज्ञ की अग्नि भी ईश्वर ही है। इस यज्ञकर्म का फल भी ईश्वर ही है। ईश्वर के अतिरिक्त कुछ अन्य नहीं है। वह कोई भी कर्म करे, इस भाव से वह दिव्य हो जाता है तथा वह कर्म-बंधन से परे हो जाता है।

'प्रिय पार्थ! जो व्यक्ति अपनी इंद्रियों को वश में कर लेता है, उसे सब साधन सहज ही प्राप्त हो जाते हैं। कुछ भी जानने, समझने या सीखने के लिए व्यक्ति के मन में श्रद्धा होनी आवश्यक है, तभी वह गुरु के वचनों पर विश्वास करेगा। श्रद्धावान को ही ज्ञान प्राप्त होता है, श्रद्धा रहित को तो गुरु ज्ञान ही नहीं दे पाता। विश्वास न करनेवाला मानव तो भटकता ही रहता है, उसे कहीं सुख नहीं मिलता। तत्त्वज्ञान से व्यक्ति को शीघ्र ही स्थायी शांति प्राप्त हो जाती है।

'हे धनंजय! फल की चिंता न कर जो अपने कर्तव्य का पालन करता रहता है तथा उन कार्यों के फल को प्रभु-परमात्मा के श्री-चरणों में भेंट कर देता है, उस व्यक्ति को कर्म बंधन में नहीं बाँध सकते।

'अत: हे भरतवंशी अर्जुन! अपने मन के मोह तथा अज्ञान को ज्ञान-रूपी तलवार से काटकर कर्मयोग को अपनाओ। जीत-हार की चिंता छोड़कर युद्ध के लिए खड़े हो जाओ। इस समय युद्ध ही तुम्हारा पुनीत कर्तव्य कर्म है।'

इस प्रकार भगवान् श्रीकृष्ण उपदेश देते हुए कहते हैं, जिस व्यक्ति

में न तो ज्ञान है और न श्रद्धा ही है, अर्थात् जो न तो खुद जानता है और न दूसरे की बात मानता है, वह जीवन में उन्नति से कोसों दूर रहता है।

मुख्य शिक्षाएँ–

- जिस वस्तु से हम जल्दी ही ऊब जाते हैं या उसमें अरुचि हो जाती है, उससे हमारा वास्तविक संबंध नहीं होता, जैसे मिठाई खा-खाकर हम उससे ऊब जाते हैं और अंततः खाना छोड़ देते हैं। इसके विपरीत जिससे हमारा वास्तविक संबंध होता है, उससे हम कभी नहीं ऊबते, जैसे भगवान् की भक्ति।
- शरीर, इंद्रियाँ और मन उत्पन्न और नष्ट होनेवाले हैं; अतः इनसे हमें जो फल प्राप्त होता है, वह भी नाशवान और क्षणिक होता है।
- एक-दूसरे की सहायता से ही सबका जीवन चलता है। धनी-से-धनी व्यक्ति का जीवन भी दूसरे की सहायता के बिना नहीं चल सकता।
- हमने किसी से लिया है तो किसी को देना, किसी की सहायता करना, सेवा करना हमारा भी धर्म है, परम कर्तव्य है, इसी का नाम कर्मयोग है।
- कर्तव्य वह है, जिसे हम खुश होकर कर सकते हैं, जिसे अवश्य करना चाहिए और उससे लक्ष्य की प्राप्ति अवश्य होती है।
- कर्तव्य हमेशा इच्छा रहित होकर परमार्थ की दृष्टि से किया जाता है। अगर हम इच्छा रखकर कर्म करते हैं तो वह हमें बंधनों में जकड़ लेता है।
- कर्म से प्राप्त होनेवाला फल नाशवान होता है, जबकि उसका उद्देश्य निश्चित और नित्य होता है।

- सेवा ऐसा कर्म है, जिसके द्वारा हम मनुष्य, पशु और ईश्वर सबको अपने वश में कर सकते हैं, वहीं सेवा भाव को भूलकर हम भोगों के गुलाम हो जाते हैं, जिसका परिणाम हमें चौरासी लाख योनियों में पड़कर भोगना पड़ता है।
- हम भगवान द्वारा दी गई वस्तुओं को तो अपना मानते हैं, जो हमारी हैं ही नहीं और उन भगवान् को अपना नहीं मानते, जो सदा से हमारे हैं।
- जो वैभव को सबकुछ मान लेते हैं, भगवान् की ओर से उनकी आँखें मुँद जाती हैं। दूसरे शब्दों में कहें तो जो वैभव चाहते हैं, भगवान् उनसे दूर हो जाते हैं।
- निंदा-स्तुति, आदर-अनादर, धन-निर्धनता, यश-अपयश, लाभ-हानि, जन्म-मरण, रोग-निरोग आदि सभी परिस्थितियाँ कर्मों के अधीन हैं।
- शुभ कर्मों से अनुकूल परिस्थिति और अशुभ कर्मों से प्रतिकूल परिस्थिति का सामना करना पड़ता है।
- कर्मों का फल मिटाना आपके हाथ की बात नहीं है, पर मूर्खता मिटाना आपके हाथ की बात है।
- मूर्खता हम मिटा सकते हैं, जो हमारे हाथ की बात है, परिस्थिति को हम बदलने की कोशिश करते हैं, जो हमारे हाथ में नहीं है।
- जो स्थिति हम आज भोगते हैं, वे हमारे शुभ-अशुभ कर्मों का फल होती है। शुभ कर्म से अच्छी स्थिति और अशुभ से बुरी।
- जैसे दियासलाई में हर समय अग्नि छिपी हुई रहती है, उसी प्रकार हम सबके भीतर भगवान गुप्त रूप से मौजूद होते हैं, उन्हें ढूँढ़ने की देर होती है।
- ज्यों-ज्यों इच्छाएँ बढ़ती हैं, त्यों-त्यों सज्जनता गायब होती है;

क्योंकि इच्छा ही असज्जनता का मूल कारण है।

- प्रतिकूल परिस्थिति में ही हम भगवान् को याद करते हैं और भोगों के प्रति हमारा लगाव कम होता है, यही कारण है कि भगवान् हमें मुसीबतों में डालते हैं।
- मनुष्य और भगवान् में अंतर—मनुष्य अपनी इच्छाओं की पूर्ति के लिए कार्य करते हैं और भगवान् मात्र जीवों के कल्याण के लिए कार्य करते हैं।
- हम जब बिना इच्छा या स्वार्थ के दूसरों की सेवा करते हैं, तब हमारे कर्मों में दिव्यता और विलक्षणता आती चली जाती हैं।
- अपने कर्मों को दिव्य बनाने का सरल उपाय है—संसार से मिली हुई वस्तुओं को अपनी और अपने लिए न मानकर संसार की सेवा में लगा देना।
- हमारी जरूरत को जितना भगवान् समझते हैं, उतना हम समझ भी नहीं सकते, इसलिए उनसे माँगना नहीं चाहिए। जो कुछ हमें मिला है, उसी का हमें सदुपयोग करना चाहिए।
- अपना कुछ भी नहीं है, अपने लिए कुछ भी नहीं चाहिए और अपने लिए कुछ भी नहीं करना है, ये तीनों बातें ठीक-ठीक अनुभव में आ जाएँ, तभी सिद्धि और असिद्धि में पूरी समता आती है।
- शरीर, इंद्रियाँ आदि जितनी वस्तुएँ हमारे पास हैं, उन्हीं से यज्ञ हो सकता है, अधिक की आवश्यकता नहीं है।
- अपने कर्तव्य पालन में जो-जो कठिनाइयाँ आएँ, उन्हें प्रसन्नतापूर्वक सह लेना तपस्या रूपी यज्ञ है, परंतु कठिन विपरीत स्थिति में भी प्रसन्नतापूर्वक अपने कर्तव्य का पालन करते रहना सबसे बड़ी तपस्या है, जो शीघ्र सिद्धि देनेवाली होती है।

- संसार में असंख्य क्रियाएँ होती रहती हैं, परंतु जिन क्रियाओं से मनुष्य अपना संबंध जोड़ता है, उन्हीं से वह बँधता है, लेकिन जब शरीर या संसार में होनेवाली किसी भी क्रिया से मनुष्य का संबंध नहीं रहता, तब वह कर्म-बंधन से मुक्त हो जाता है।
- शरीर और वस्तुओं से गुरु की सेवा करें। जिससे वे प्रसन्न हों, वैसा काम करें। उनकी प्रसन्नता प्राप्त करनी हो तो अपने आपको सर्वथा उनके अधीन कर दें। उनके मन के, संकेत के, आज्ञा के अनुकूल काम करें। यही वास्तविक सेवा है।
- संत महापुरुष की सबसे बड़ी सेवा है उनके सिद्धांतों के अनुसार अपना जीवन बिताना और बनाना, क्योंकि उन्हें सिद्धांत जितने प्रिय होते हैं, उतना अपना शरीर प्रिय नहीं होता। सिद्धांत की रक्षा के लिए वे अपने शरीर तक का सहर्ष त्याग कर देते हैं, इसलिए सच्चा सेवक उनके सिद्धांतों का दृढतापूर्वक पालन करता है।
- ज्ञान हो तो संदेह मिट जाता है और श्रद्धा हो तो भी संदेह मिट जाता है, परंतु ज्ञान और श्रद्धा, ये दोनों ही न हों तो संदेह नहीं मिट सकता।

□

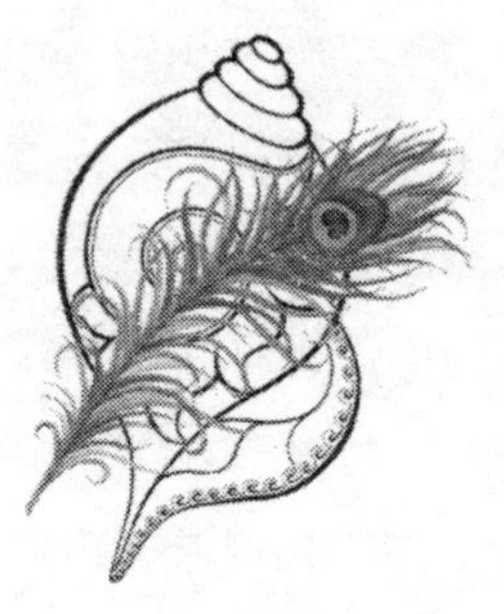

अध्याय-5

कर्म से शांति और आनंद-प्राप्ति

इस अध्याय में 29 श्लोक हैं, जिनमें कर्मयोग की श्रेष्ठता को इंगित किया गया है। महाभारत के रणक्षेत्र में जब अर्जुन युद्ध से बचने के लिए अनेक प्रकार से तर्क देकर सगे-संबंधियों को मारना पापजन्य बताने लगे, तब भगवान् श्रीकृष्ण ने कर्म से भागनेवाले को बंधन में जकड़ा हुआ और कर्मयोगी को संसार-बंधन से मुक्तप्राय बताया।

अर्जुन ने अपने मन की दुविधा भगवान् कृष्ण के सामने प्रस्तुत की—'हे माधव! एक ओर तो आप कर्म करने की प्रेरणा दे रहे हैं तथा दूसरी ओर कर्मों का त्याग करने का उपदेश कर रहे हैं! मैं भ्रमित हो गया हूँ। कृपया मुझे केवल वह बताएँ, जो मेरे लिए कल्याणकारी हो। स्पष्ट आदेश करें कि मै क्या करूँ?'

भगवान् श्रीकृष्ण ने कहा, 'अपनी जगह कर्मयोग और संन्यास दोनों ही कल्याण करनेवाले हैं, फिर भी तुम्हारी प्रकृति के अनुसार कर्मयोग अधिक उपयुक्त है। वैसे भी किसी से ईर्ष्या-द्वेष न करके, किसी तरह के लोभ से दूर रहकर कर्म करते जाना भी तो संन्यास जैसा ही है। संन्यासी या सांख्य योगी तथा कर्मयोगी दोनों को एक ही समान महत्त्व देना चाहिए। सच तो यह है कि संन्यासी को भी कर्म तो करने ही

सन्नयासः कर्मयोगश्च निःश्रेयसकरावुभौ।
तयोस्तु कर्मसन्नयासात्कर्मयोगो विशिष्यते॥

कर्म संन्यास और कर्मयोग दोनों ही परम कल्याण करनेवाले हैं। परंतु इन दोनों में भी कर्मयोग साधन में सुगम होने से कर्मसंन्यास से श्रेष्ठ है।

पड़ते हैं तथा कर्मयोगी भी भगवत् चिंतन करता है तो कर्म करते हुए परमपिता का स्मरण करने से ईश्वर को अर्पण करके आसक्ति तथा मोह को त्याग कर कर्म करता है। वह व्यर्थ बंधन में नहीं बँधता, जैसे कमल का पत्ता जल में रहते हुए जल उस पर ठहर नहीं पाता। इस प्रकार फल की चिंता त्यागकर कर्म करनेवाला तो ईश्वर को तथा शांति को प्राप्त करता है और फल की कामना से कार्य करनेवाला कर्म-बंधन में बँधता चला जाता है।

'परमात्मा सर्वव्यापी है, किसी भी व्यक्ति द्वारा किए कर्मों को, पाप या पुण्य को वह उसी के खाते में जमा करता है, अपने पास नहीं रखता। जिस व्यक्ति का अज्ञान मिट गया है, जिसकी मन, बुद्धि की परमात्मा में पूरी निष्ठा है, जो ज्ञानी जन हाथी, कुत्ते, गाय, ब्राह्मण तथा चंडाल में एक ही भाव से देखते हैं, अर्थात् समता भाव का आचरण करते हैं, उन्हें सच्चिदानंद परमात्मा को प्राप्त हुआ ही समझना चाहिए। ऐसे ब्रह्मनिष्ठ व्यक्ति अपनी प्रिय वस्तु को पाकर भी बहुत हर्षित नहीं होते और दुःख पाकर भी दुःखी नहीं होते। शरीर में उठनेवाले काम तथा क्रोध के आवेग को जो सहन कर लेते हैं, वही योगी होते हैं, वही सुखी रहते हैं। जिनके पाप नष्ट हो गए हैं तथा जो सभी प्राणियों के हित में लगे हुए हैं, वे ब्रह्म को प्राप्त कर लेते हैं। काम, क्रोध पर काबू रखनेवाले सब प्रकार शांति और ब्रह्म को प्राप्त कर लेते हैं। विषय-भोगों की इच्छा को त्यागकर, जो दृष्टि को भृकुटि के बीच में टिकाकर मन, बुद्धि को एकाग्र करके ईश्वर का चिंतन करता है, वही योगी है। जो मेरा भक्त है, वह मुझे सर्वव्यापक मानकर दयालु, प्रेमी तथा यज्ञ, तपों का फल समझता है, वह भी मुझको तथा शांति को पा लेता है।'

इस अध्याय में मूल रूप से कर्म के महत्त्व को दरशाया गया है। कर्म द्वारा ही संन्यास ग्रहण किया जा सकता है, कर्म ही हमें मोह से

अलग करने में सहायक होते हैं। कर्मयोग में काम को छोटे-बड़े की दृष्टि से नहीं देखा जाता, बल्कि जो भी कर्तव्य-कर्म सामने आ जाए, उसे फल की इच्छा के बिना, दूसरों के हित के लिए करते जाना कर्मयोग है और ऐसे कर्मयोगी की मुक्ति अवश्यंभावी है।

मुख्य शिक्षाएँ–

- कर्मयोगी निःस्वार्थ भाव से केवल दूसरों के हित के लिए कर्म करता है, अतः वह कर्म-बंधन से सहजता से मुक्त हो जाता है।
- युद्ध जैसी परिस्थिति में भी कर्मयोग का पालन किया जा सकता है। कर्मयोग का पालन करने में कोई भी मनुष्य किसी भी परिस्थिति में असमर्थ और पराधीन नहीं है, क्योंकि कर्मयोग में कुछ भी पाने की इच्छा का त्याग होता है। कुछ-न-कुछ पाने की इच्छा रहने से ही कर्तव्य-कर्म करने में असमर्थता और पराधीनता का अनुभव होता है।
- जिस कर्म से अपने लिए किसी प्रकार के भी सुख भोग की इच्छा नहीं है, वह क्रिया मात्र है, धर्म नहीं।
- कर्मयोगी सेवा करने के लिए तो सबको अपना मानता है, पर अपने लिए किसी को अपना नहीं मानता।
- क्रियाएँ दोषी नहीं हैं, क्रिया के साथ लगाव और क्रिया के फल को चाहना ही दोष है।
- ज्ञानयोग, कर्मयोग और भक्तियोग द्वारा अपना कल्याण किया जा सकता है। इनके अलावा कल्याण का कोई दूसरा मार्ग नहीं है।
- भलाई करने से केवल समाज का हिता होता है, परंतु बुराई-रहित होने से पूरे विश्व का हित होता है।
- मैंने भलाई की, यह अभिमान बुराई से भी अधिक भयंकर है।

- कोई भी व्यक्ति, वस्तु, शरीर, इंद्रिय, मन, बुद्धि आदि अपनी नहीं है और अपने लिए नहीं है, ऐसा निश्चित होने के बाद व्यवहार में तो संसार से संबद्ध रहता है, लेकिन भीतर से राग-द्वेष न रहने के कारण ऐसा व्यक्ति संन्यासी जैसा हो जाता है।
- संसार में उलझने के दो ही कारण हैं--राग एवं द्वेष।
- जिसका निरंतर अभाव हो रहा है, उस शरीर में मरने का भय नहीं हो सकता और जो नित्य निरंतर रहता है, उस स्वरूप में जीने की इच्छा नहीं हो सकती, तो फिर जीने की इच्छा और मरने का भय किसे होता है? जीने की इच्छा और मरने का भय, ये दोनों विवेक द्वारा मिट जाते हैं।
- पाने की इच्छा उसमें होती है, जिसमें कोई अभाव होता है।
- शरीर को संसार की सेवा में लगा देना कर्मयोग है और शरीर से स्वयं अलग हो जाना ज्ञानयोग है। दोनों का परिणाम एक ही होगा, दोनों ही साधनों से संसार से संबंध-विच्छेद होकर स्वरूप में स्थित हो जाएगी।
- कर्मों से कुछ-न-कुछ पाने की इच्छा ही बंधन में डालती है। इसके विपरीत कुछ भी न पाने की इच्छा होने पर कर्म भी अकर्म हो जाते हैं।
- जिनको साधारण मनुष्य अपना मानते हैं, वे शरीर, इंद्रियाँ, मन, बुद्धि वास्तव में किसी भी दृष्टि से अपने नहीं हैं, बल्कि मिले हुए हैं और निश्चित ही बिछुड़नेवाले हैं। इनको अपना मानना सर्वथा भूल है।
- साधारण लोग फल पाने के लिए कर्म करते हैं, पर कर्मयोगी फल के लगाव को मिटाने के लिए कर्म करता है।
- फल की इच्छा को मिटाने के लिए शरीर, इंद्रियाँ आदि को कभी

भी अपना नहीं मानना चाहिए।

- संसार के सुखों की कामना और मोह के त्याग से शांति मिलती है, जैसे नींद के समय जब सांसारिक चीजों को हम भूल जाते हैं, हमें शांति का अनुभव होता है।
- जो मनुष्य अपने विवेक को महत्त्व नहीं देते, वे वास्तव में पशु हो जाते हैं, क्योंकि उनके और पशुओं के ज्ञान में कोई अंतर नहीं रहता।
- आकृति मात्र से कोई मनुष्य नहीं होता। मनुष्य वही है, जो अपने विवेक को महत्त्व देता है।
- जैसे शरीर के किसी अंग में पीड़ा होने पर उसको दूर करने की लगन लग जाती है, ऐसे ही किसी प्राणी मात्र को दुःख-दर्द होने पर उसको दूर करने की लगन लग जाए, तब समता आती है।
- ममता के रहते हुए समता का भाव आना असंभव है।
- जल समान रूप से सबकी प्यास बुझाता है, वह ऊँच-नीच, छोटे-बड़े में भेद नहीं करता।
- जैसे चींटी रेत में मिले हुए चीनी के कणों को पकड़कर निकाल लेती है, ऐसे ही ज्ञानी लोग अपने विवेक से झूठे संसार में व्याप्त सत्य के तत्त्व को पकड़कर ग्रहण कर लेते हैं।
- इच्छा उत्पन्न होते ही मनुष्य पराधीन हो जाता है।
- पराजित व्यक्ति ही दूसरे को पराजित करना चाहता है, अपने अधीन करना चाहता है।
- स्वाधीन व्यक्ति ही विजयी होता है और उसके मन में किसी को पराजित करने का भाव नहीं आता।
- भोगी व्यक्ति दुःखों से नहीं बच सकता।
- क्रोध के वेग को सहन कर लेना चाहिए, उसके वशीभूत नहीं

होना चाहिए, क्योंकि क्रोध के वश में होकर शरीर प्रतिक्रिया करने लगता है।

- जो व्यक्ति सत्यरूपी तत्त्व को पाने का दृढ संकल्प कर लेता है, उसकी इंद्रियाँ सरलता से उसके वश में हो जाती हैं।
- अपने लिए कुछ भी चाहना, किसी भी वस्तु को अपनी मानना और भगवान् को अपना न मानना, ये तीनों बातें भगवान् की कृपा में बाधक हैं।

□

अध्याय-6

ध्यान कैसे करें?

47 श्लोकों में गुँथे इस अध्याय में बताया गया है कि मनुष्य स्वयं परमात्मा का अंश है अर्थात् शरीर को चलानेवाली आत्मा स्वयं परमात्मा का जीता-जागता सूक्ष्म रूप है, जिसका नाश नहीं हो सकता। वह नित्य-निरंतर रहनेवाला है, केवल शरीररूपी वस्त्र बदल जाते हैं। इसलिए कहा गया है कि मनुष्य जन्म में शरीर का जितना महत्त्व नहीं है, उतना शरीर द्वारा किए जानेवाले कार्यों का है। ये कार्य ही मनुष्य को जन्म-जन्म के बंधन से मुक्त करके ईश्वर के लोक में जगह प्रदान कराते हैं। हम संसार में जो भी कमाते हैं, लौटते समय खाली हाथ जाने से अच्छा है कि हम उन सभी चीजों को समाज की भलाई में खर्च कर दें और पुण्य कर्म साथ में ले जाएँ।

भगवान् कृष्ण अर्जुन को समझाते हैं, 'संन्यास का ही एक रूप योग है। योग के लिए इंद्रियों तथा मन को वश में करना परम आवश्यक है। मनुष्य स्वयं ही अपना मित्र है तथा स्वयं ही शत्रु है। अतः अपनी कमियों को सुधारकर वह स्वयं अपना भला करे। जो अपनी बुरी आदतों को नहीं छोड़ता, अपनी इंद्रियों तथा मन को वश में नहीं करता, वह तो स्वयं ही अपना शत्रु है।

आरुरुक्षोर्मुनेर्योगं कर्म कारणमुच्यते।
योगारूढस्य तस्यैव शमः कारणमुच्यते॥

योग में आरूढ़ होने की इच्छावाले मननशील योगी के लिए कर्तव्यकर्म करना हेतु कहा गया है और योगारूढ़ हो जाने पर उसी मनुष्य का शांति परमात्मप्राप्ति में कारण कहा गया है।

'निस्स्वार्थ भाव से मित्र, शत्रु, पापी, पुण्यात्मा, अपने, पराए सभी का भला चाहनेवाला मनुष्य उत्तम है। वही एकांत में बैठकर परमेश्वर का ध्यान करने का अधिकारी होता है। ध्यान करने के लिए आसन, शरीर और स्थान की स्वच्छता जरूरी है, परंतु मन की निर्मलता तो बहुत आवश्यक है। अतः मन को वश में करके, रीढ़ को सीधा रखकर, दोनों भौंहों के बीच में या नाक की नोक पर दृष्टि एकाग्र करके बैठना चाहिए।

'योग को वही सिद्ध कर सकता है, जो न तो अधिक अन्न खानेवाला है, न भूखा रहनेवाला है, न बहुत अधिक सोनेवाला और न ही हर समय जागने को विवश है। योग करने में सामान्य आहार-विहारवाला व्यक्ति ही सफल रहता है।

'जो मुझे सब में देखता है, वह सरलता से मुझे पा लेता है। जो सदा मेरा चिंतन और भजन करता है, उस पर मैं सदैव अपनी कृपा बनाए रखता हूँ।'

अर्जुन ने पूछा—'हे मधुसूदन! मन की चंचलता के कारण यह योग करना अति कठिन है। मन चंचल ही नहीं, शक्तिशाली और हठी भी है। इसे वश में करना चंचल वायु को बाँधने की तरह कठिन है।'

भगवान् कृष्ण ने उत्तर दिया—'यह तो ठीक है कि मन चंचल है, परंतु वैराग्य भाव से तथा अभ्यास से इसे वश में किया जा सकता है। स्पष्ट है कि जो इस मन को वश में नहीं कर सकते, वे योग में भी कभी सफल नहीं हो सकते।

अर्जुन ने पूछा—'हे कृष्ण! जो योग के रास्ते पर चल रहा है और कहीं जाकर वह विचलित होकर योग भ्रष्ट हो जाए तो उसकी क्या गति होती है? अर्थात् वह साधक क्या लोक-परलोक से पतित होकर नष्ट हो जाता है? कृपया मेरे इस संदेह को दूर करें।'

भगवान् श्रीकृष्ण बोले—'हे धनंजय! जो परमात्मा के परमार्थ-पथ

पर चलनेवाला है, उसको हानि कभी नहीं होती, ऐसा ईश्वरीय नियम है। ऐसे धर्मपथ से भटक जाने पर उस आत्मा को मुक्ति नहीं मिलती, परंतु वह उत्तम लोकों तथा सदाचारी परिवारों में जन्म लेते हैं। इस प्रकार उनका अर्जित ज्ञान नष्ट नहीं होता तथा अगले जन्म में अपनी सत्पथ यात्रा आगे बढ़ा सकते हैं। पूर्वजन्म के संस्कार उसे सहज ही स्वभावतः मिल जाते हैं। वे अपनी साधना आगे बढ़ाने के लिए अवसर प्राप्त करते हैं।'

भगवान् श्रीकृष्ण का भाव यह है कि योगपथ का राही भ्रष्ट होकर भी पुनः अवसर पाता है तथा देर-सवेर मुक्ति पा ही लेता है। यदि कुसंगति में पड़कर वह अपने संस्कारों के विपरीत आचरण करने लगे तो पाप का भागी होता है। निष्काम कर्म और समता का भाव बना रहे तो योगी का स्थान उत्तम और श्रेष्ठ होता है।

मुख्य शिक्षाएँ–

- हमारे कर्तव्य को सुचारु रूप से करना बिल्कुल भी असंभव नहीं है और कठिन तो बिल्कुल नहीं है।
- कर्म दो प्रकार से किए जाते हैं—कर्म फल पाने के लिए और कर्म तथा उसके फल के मोह को मिटाने के लिए।
- जिसने दिखावे के लिए मोह-ममता का त्याग कर दिया हो, लेकिन मन के भीतर सभी क्रियाओं के प्रति मोह में जकड़ा हो, उसे भगवान् की कृपा कभी प्राप्त नहीं हो सकती।
- मन को नियंत्रण में रखकर तरह-तरह की सिद्धियाँ तो पाई जा सकती हैं, लेकिन आत्म-कल्याण नहीं किया जा सकता। आत्म-कल्याण केवल कर्म करके पाया जा सकता है और कर्म ऐसा होना चाहिए, जिसके फल की इच्छा न की गई हो, क्योंकि प्रत्येक कर्म का फल तो आत्मस्फूर्त रूप से मिलना ही है।

- जो लोग उत्पन्न और नष्ट होनेवाले जड़ पदार्थों से जुड़े रहते हैं, वे योगी तो कदापि नहीं हो सकते, बल्कि पशु-पक्षियों तथा अन्य जीवों की तरह भोगी होते हैं।
- असत्य और बुराई से भरी वस्तुओं या बातों के साथ संबंध रखने से ही जीवन में अशांति उत्पन्न होती है।
- अगर हम इंद्रियों से प्राप्त होनेवाले सुखों में जीवन व्यतीत करेंगे तो ज़ीवन के अंत में हमारे हाथ खाली रह जाएँगे, जीवन भोगों के लिए नहीं, इनमें निर्लिप्त रहने के लिए बना है।
- मनचाही वस्तु मिल जाने पर उसके सुख में रम जाते हैं, जिससे आसक्ति (लगाव) बढ़ती है, इसे केवल एक साधन के रूप में, बिना लगाव के इस्तेमाल करने से मन आसक्ति में नहीं फँसता।
- जो व्यक्ति चीजों के सुख में खो जाता है, उन चीजों के चले जाने पर व्याकुल हो जाता है, इसलिए चीजों के मिलने या खोने दोनों में मन को एक समान रूप से मोह-रहित रखना ही योग है।
- जीवनयापन से अधिक वस्तुओं को अपने घर में जमा रखकर हम अपने पर कर्ज चढ़ाते हैं। ये वस्तुएँ किसी जरूरतमंद को देकर उसके जीवन को आगे बढ़ाया जा सकता है।
- काम ठीक से हो जाता है तो उससे एक सुख मिलता है और काम ठीक तरह से नहीं होता तो मन में एक दुःख होता है। यह दुःख-सुख होना कर्म की आसक्ति (लगाव) है। आपका कर्तव्य केवल अनासक्त होकर कर्म करना है, फल तो प्रभु इच्छा के अनुसार मिलता है।
- असत्य द्वारा सत्य की प्राप्ति कभी नहीं होती, बल्कि असत्य के त्याग से सत्य की प्राप्ति होती है।
- जो आपके अपने हैं, आपके अंदर स्थित हैं, अभी हैं, यहाँ हैं,

ऐसे परमात्मा को पाने के लिए शरीर, इंद्रियाँ, मन और बुद्धि की आवश्यकता नहीं होती, क्योंकि जड़ वस्तुओं से संबंध मानना, उनकी आवश्यकता समझना, उनका सहारा लेना ही खास बंधन है।

- शरीर मैं नहीं, मेरा नहीं और मेरे लिए नहीं, इस सच्चाई पर मनुष्य दृढ रहे, तो अपने आप से उसका उद्धार हो जाएगा।
- शरीर बदलता रहता है, शरीर को आप जैसा रखना चाहते हैं, वैसा नहीं रहता, जितने दिन रखना चाहें, उतने दिन नहीं रख सकते, लेकिन आत्मा अपरिवर्तनशील और शाश्वत् है, इसे निर्मल रखकर आसक्ति से बचाया जा सकता है।
- मनुष्य स्वयं ही अपना बंधु होता है और स्वयं ही मित्र, अगर वह बाहरी चीजों को सहायक या बाधक के रूप में देखे। सहायक के रूप में चीजों को देखने पर वे उसी रूप में प्रभावी होती हैं और इसके विपरीत देखने पर उसी रूप में।
- जो व्यक्ति स्वयं के द्वारा स्वयं का उद्धार नहीं करता, वह अपना शत्रु स्वयं है, अर्थात् जो व्यक्ति अच्छे कार्यों द्वारा उन्नति करता है, वह उद्धारक होता है, इसके विपरीत बुरे कामों को करने वाला अपने साथ-साथ समाज का भी विघटन करता है।
- शरीर, इंद्रियाँ, मन, बुद्धि मनुष्य को असत् पदार्थों की ओर भटका सकते हैं, जो इनका आश्रय नहीं लेता, वह अपने आपको जीत लेता है और विकार-रहित हो जाता है।
- दूसरों की सहायता के बिना कोई भी किसी पर जीत प्राप्त नहीं कर सकता और दूसरों की सहायता लेना ही स्वयं को पराजित करना है अर्थात् स्वयं को पहले पराजित कर ही दूसरों पर विजय पाई जा सकती है।

- जो अपने लिए दूसरों की थोड़ी सी भी आवश्यकता नहीं समझता, वही अपने आपसे अपने आप पर विजय प्राप्त करता है।
- आदमी शरीर, इंद्रियाँ, मन, बुद्धि को अपना समझकर स्वयं को उनका स्वामी मानता है, परंतु वास्तव में वह उनका गुलाम होता है, जो उनके एक इशारे पर सारे काम करता है।
- जिसके पास सुख-साधनों का अभाव हो, उस पर भी वह प्रसन्न रहे तो वह सुखी कहलाता है, लेकिन जो सारे सुख-साधनों के बावजूद इस चिंता में घुटता रहे कि वे चले नहीं जाएँ, वह दुःखी कहलाता है।
- भीतरी सुख-दुःख, बाहरी सुख-दुःख और मान-अपमान में शांत और निर्विकार रहनेवाला व्यक्ति ईश्वर के निकट होता है।
- तरह-तरह की परिस्थितियों में जो निर्विकार रहता है, वह महापुरुष है।
- जो व्यक्ति न तो सोना पाकर चौंधियाता है, न उसे खोकर चिंतित होता है, जो उसके उत्पन्न और नष्ट होने के स्वभाव को समझता हे, वह समदर्शी हो जाता है, ऊँच-नीच को समदृष्टि से देखता है।
- शरीर को 'मैं' और 'मेरा' मानने से ही रोग का, निंदा का, अपमान का, मरने आदि का भय पैदा होता है, परंतु जब मनुष्य शरीर के साथ 'मैं' और 'मेरेपन' की मान्यता को छोड़ देता है, तब उसमें किसी भी प्रकार का भय नहीं रहता।
- इतना सोएँ कि उठने पर निद्रा या आलस्य न सताए।
- व्यक्ति को जो सुख प्राप्त है, उससे अधिक सुख दिखने पर वह उसके लोभ में आकर विचलित हो जाता है।
- जिसके साथ हमारा संबंध है नहीं, हुआ नहीं, होगा नहीं और होना संभव ही नहीं, ऐसे दुःखरूप संसार शरीर के साथ संबंध

मान लिया, यही दु:ख संयोग है।

- वृक्ष के एक बीज से ही मीलों तक जंगल पैदा हो सकता है, इसलिए बीज रूपी कामना का भी त्याग होना चाहिए।
- मैं भगवान् का हूँ और भगवान् मेरे हैं, इस प्रकार जब स्वयं का भगवान् में अपनापन हो जाता है, तब मन स्वत: ही भगवान् में लग जाता है, रम जाता है।

□

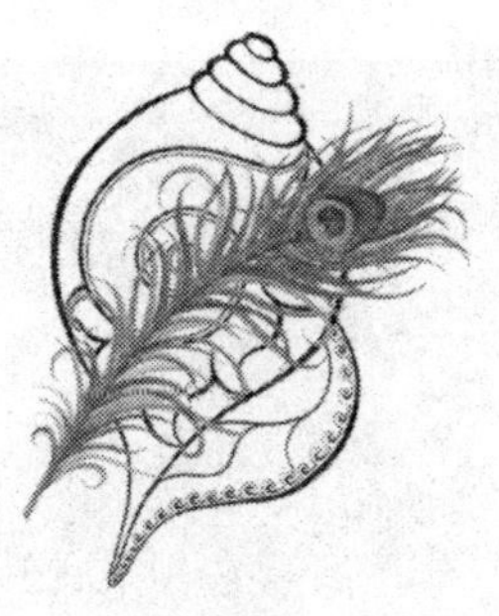

अध्याय-7

भगवद् ज्ञान का विज्ञान

इस अध्याय में 30 श्लोक हैं। इसमें भगवान् की अपरा (संसार) तथा परा (जीव या आत्मा) प्रकृतियों के बारे में बताया गया है। भगवान् की अपरा प्रकृति जड़ तथा निरंतर परिवर्तनवाली है और परा प्रकृति चेतन तथा नित्य न बदलनेवाली है। एक भगवान् अनेक रूप में प्रकट हुए हैं। आकाश, वायु, अग्नि, जल और पृथ्वी—ये पंचमहाभूत और इनके कार्य शब्द, स्पर्श, रूप, रस, और गंध—ये पाँच विषय, इन सबके मूल कारण भगवान् ही हैं। सृष्टि में घटित होनेवाली सभी क्रियाओं के भगवान् ही एकमात्र स्रोत हैं। जगत् और जीव भगवान् में समाहित हैं, लेकिन राग और द्वेष के कारण मानव ने जगत्, जीव और परमात्मा से अनेक भेद पैदा कर लिये हैं, जिसके कारण व्यक्ति अनेक बार जन्म लेता है और अनेक बार मरता है, उसे मुक्ति नहीं मिलती।

इसी बात को विस्तार से समझाते हुए भगवान् कृष्ण अर्जुन से कहते हैं—'हे पार्थ! योग के अभ्यास से तुम्हें मेरे जिस रूप का ज्ञान होगा, उसको जानने के बाद और कुछ जानना बाकी नहीं रहता।

'प्रकृति में पाँच तत्त्व (भूमि, जल, वायु, अग्नि (तेज) और आकाश), मन, बुद्धि तथा अहंकार आठ अंग हैं। यह प्रकृति जड़ है, परंतु मैं चेतन

मय्यासक्तमनाः पार्थ योगं युञ्जन्मदाश्रयः।
असंशयं समग्रं मां यथा ज्ञास्यसि तच्छृणु॥

हे पार्थ! मुझमें आसक्त मनवाला, मेरे आश्रित होकर अनन्य भाव से योग का अभ्यास करता हुआ तू मेरे जिस समग्र रूप को संशय रहित होकर जानेगा, उसको सुन।

हूँ। जड़ और चेतन दोनों के उचित संयोग से सृष्टि की उत्पत्ति होती है। मैं ही सृष्टि का तथा मैं ही प्रलय का कारण हूँ। मैं ही सब का कारण, कर्ता और कार्य हूँ। जैसे धागे में मोती पिरोकर माला बन जाती है, वैसे ही सारी सृष्टि में मैं ही समाया हूँ तथा सब मुझसे ही जुड़े हैं।

'जल में मैं ही रस हूँ। सूर्य तथा चंद्रमा में मैं ही प्रकाश हूँ, वेदों में ओंकार मैं ही हूँ। आकाश में शब्द मैं ही हूँ, वायु में मैं ही गति हूँ। पृथ्वी में पवित्र गंध मैं हूँ। अग्नि में तेज तथा प्राणियों में जीवन मैं ही तो हूँ। बलवानों की शक्ति तथा तपस्वियों का तपोबल भी मैं ही तो हूँ।

'हे पार्थ! सभी प्राणियों की उत्पत्ति तथा अंत भी मैं हूँ। सभी जीव मुझसे ही उत्पन्न होते हैं, मुझमें ही पलते हैं तथा मुझमें ही लीन हो जाते हैं। बुद्धिमानों की बुद्धि तथा तेजस्वियों का तेज मैं ही तो हूँ। बलवानों की शक्ति, काम एवं धर्म सब मेरी आज्ञा से ही होते हैं। तीनों गुण (सत, रज और तम) मुझसे उत्पन्न होते हैं, परंतु मैं फिर भी निर्गुण हूँ, न मैं उनमें हूँ और न वे मुझमें हैं।

'पुण्य कर्म तथा ज्ञान योग से जिनके पाप नष्ट हो जाते हैं, वे ही भक्ति भाव से मेरा ध्यान करते हैं। वे ही मोक्ष के अधिकारी बनते हैं। वे वृद्धावस्था, रोग, जन्म तथा मृत्यु से मुक्ति पाने के लिए मेरी शरण में आते हैं। जो चिंतन, मनन और भजन करके सदा मुझे याद करते हैं, वे मोक्ष पाकर मुझमें ही लीन हो जाते हैं।

मुख्य शिक्षाएँ–

- धन, संपत्ति, वैभव, विद्या, बुद्धि, योग्यता, कुटुंब आदि का जो आश्रय है, वह नाशवान है, सदा स्थिर रहनेवाला नहीं है, सदा के लिए पूर्ति और तृप्ति करने वाला भी नहीं है, परंतु भगवान् का आश्रय कभी भी जरा भी कम होनेवाला नहीं है, क्योंकि भगवान्

का आश्रय पहले भी था, अभी भी है और आगे भी रहेगा। इसलिए आश्रय केवल भगवान् का ही लेना चाहिए।

- जिनमें पशुओं की तरह खाना-पीना और मौज-मस्ती करना नहीं है, वे ही वास्तव में मनुष्य हैं।
- हमें भगवान् की आवश्यकता क्यों है? इस पर विचार करें तो मालूम होता है कि हमारी कोई ऐसी आवश्यकता है, जिसको हम न तो अपने आप पूरा कर सकते हैं और न संसार के माध्यम से। दुःखों के नाश और शांति पाने के लिए हमें भगवान् की आवश्यकता नहीं है, बल्कि अगर हम कामनाओं का सर्वथा त्याग कर दें तो स्वतः हमारे दुःख समाप्त हो जाएँगे और शांति मिल जाएगी। हमें परम प्रेम पाने के लिए भगवान् की आवश्यकता है, क्योंकि हम भगवान् के ही अंश हैं।
- हरेक व्यक्ति का स्वभाव या प्रकृति भिन्न होती है। जैसे प्रकृति व्यक्ति के साथ जुड़ी होती है, वैसे ही सांसारिक प्रकृति, जो परमात्मा का स्वभाव है, उनसे सदैव संबद्ध होती है। यह प्रकृति ईश्वर का ही एक स्वभाव है, इसलिए इसका नाम प्रकृति है।
- अगर मनुष्य संसार की स्वतंत्र सत्ता न मानकर इसे केवल भगवत्स्वरूप ही माने तो उसका जन्म-मरण रूप मिट जाएगा।
- एक भगवान् के सिवा दूसरी सत्ता मानने से ही मनुष्य संसार बंधन में पड़ा है। अगर वह संसार की सत्ता न माने तो संसार है ही कहाँ?
- जितने भी देवता, मनुष्य, पशु, पक्षी आदि चलने-फिरनेवाले और वृक्ष, लता, घास आदि जड़ या स्थिर प्राणी हैं, वे सब परमात्मा की अपरा और परा प्रकृति के संबंध से ही उत्पन्न होते हैं।
- जो न खुद को जान सके, न दूसरों को जान सके, वह 'अपरा

प्रकृति' है और जो खुद को भी जान सके तथा दूसरों को भी जान सके, वह 'परा प्रकृति' है। इन दोनों प्रकृतियों के संयोग से ही सभी चेतन और जड़ जीव पैदा होते हैं।

- संसार परमात्मा से उत्पन्न होता है, परमात्मा में स्थित रहता है और परमात्मा में ही लीन हो जाता है अर्थात् परमात्मा के अतिरिक्त संसार की कोई स्वतंत्र सत्ता नहीं है।
- सृष्टि की रचना में एकमात्र ईश्वर ही कर्ता, कारण और कार्य हैं।
- जितने बीज होते हैं, वे सब वृक्ष से उत्पन्न होते हैं और वृक्ष पैदा करके नष्ट हो जाते हैं, लेकिन ईश्वर संपूर्ण प्राणियों के सनातन बीज हैं।
- शरीर के मूल में क्या है? माता-पिता में जो रज-वीर्य रूप अंश होता है, जिससे शरीर बनता है, वह अंश अन्न से पैदा होता है। अन्न मिट्टी से पैदा होता है। अत: ये शरीर मिट्टी से ही पैदा है और अंत में मिट्टी में ही लीन हो जाता है। मृत्यु के पश्चात् शरीर को चाहे जला दिया जाए, जमीन में गाड़ दिया जाए या पशु-पक्षी खा जाएँ, तीनों ही उपायों से अंत में वह मिट्टी हो जाता है।
- मनुष्य में केवल तीन तरह के भाव पाए जाते हैं—सात्त्विक, राजस और तामस।
- अपना कुछ स्वार्थ रखें, लेने की इच्छा रखें, तभी सात्त्विक, राजस और तामस, ये तीनों भेद उत्पन्न होते हैं। यदि अपना कुछ स्वार्थ न रखें और दूसरों के हित की दृष्टि रखें तो ये भगवान् के ही स्वरूप हैं।
- जब व्यक्ति परमात्मा के अतिरिक्त दूसरी सत्ता मानकर उसे महत्त्व देते हैं, तभी कामना पैदा होती है। कामना पैदा होने से व्यक्ति

मोहित हो जाते हैं और 'हम जीते रहे और भोगते रहें'—यह बात उनको अच्छी लगने लगती है। इसलिए वे परमात्मा की शरण में नहीं होते, बल्कि विनाशी वस्तु, पदार्थों आदि की शरण हो जाते हैं।

- मनुष्य जन्म संपूर्ण जन्मों का अंतिम जन्म है। भगवान् ने जीव को मनुष्य शरीर देकर उसे जन्म-मरण के प्रवाह से अलग होकर अपनी प्राप्ति का पूरा अधिकार दिया है, परंतु यह मनुष्य ईश्वर को प्राप्त न करके, लगाव के कारण फिर पुराने प्रवाह में, अर्थात् जन्म-मरण के चक्कर में चला जाता है।
- परमात्मा की यह एक अलौकिक विलक्षणता है कि वे भूखे के लिए अन्न रूप में, प्यासे के लिए जल रूप में और विषयी के लिए शब्द, स्पर्श, रूप, रस और गंध रूप में बनकर आते हैं। वे ही मन, बुद्धि, इंद्रियाँ बनकर आते हैं। वे ही संकल्प-विकल्प बनकर आते हैं। वे ही व्यक्ति बनकर आते हैं। वे ही दु:खरूप में आकर मानव को चेताते हैं कि वे अगर इन वस्तुओं को भोग्य मानकर इनके भोक्ता बनेंगे तो, इसके परिणामस्वरूप उन्हें दु:ख-ही-दु:ख भोगना पड़ेगा। इसलिए मनुष्य को लज्जा आनी चाहिए कि वे भगवान् को भोग-सामग्री बनाते हैं, उनके सुख के लिए भगवान् को सुख की सामग्री बनना पड़ता है। ईश्वर कितने दयालु हैं कि प्राणी जो माँगता है, भगवान् वैसे ही बन जाते हैं।
- सोचें, ये भोग्य पदार्थ हमारे साथ कब तक रहेंगे और हम उन पदार्थों के साथ कब तक रहेंगे?
- मनुष्य अपने स्वभाव को निर्दोष, शुद्ध बनाने के लिए सर्वथा स्वतंत्र है, लेकिन जब तक उसके भीतर कामना-पूर्ति का उद्‌देश्य रहता है, वह अपने स्वभाव को सुधार नहीं सकता।

- भगवान् की दृष्टि में सबकुछ उनका ही स्वरूप है, इसलिए भगवान् में किसी के प्रति जरा भी पक्षपात नहीं है।
- बुद्धिमान व्यक्ति वे होते हैं, जो परमात्मा की शरण में होते हैं। वे परमात्मा को ही सर्वोपरि मानते हैं।
- मध्यम बुद्धिवाले मनुष्य वे होते हैं, जो देवताओं की शरण में होते हैं। वे देवताओं को अपने से श्रेष्ठ मानते हैं, जिससे उनमें थोड़ी नम्रता और सरलता रहती है।
- मूर्ख मनुष्य वे होते हैं, जो भगवान् को देवता जैसा ही नहीं, वरन् सामान्य मनुष्य जैसा मानते हैं। वे स्वयं को ही श्रेष्ठ मानते हैं।
- मनुष्य शरीर विवेक प्रधान है, अतः मनुष्य की प्रवृत्ति (लगाव) और निवृत्ति (विरक्ति) पशु-पक्षियों की तरह न होकर अपने विवेक के अनुसार होनी चाहिए, परंतु मनुष्य अपने विवेक को महत्त्व न देकर राग और द्वेष को लेकर ही प्रवृत्ति और निवृत्ति करता है, जिससे उसका पतन होता है।
- कोई युवा यह न सोचे कि उसकी अभी न वृद्धावस्था है और न मृत्यु है, अतः वह रोग-मृत्यु से अभी मुक्त है। वास्तव में वह रोग-मृत्यु से मुक्त नहीं है, क्योंकि जब तक शरीर के साथ संबंध है, तब तक रोग-मृत्यु से रहित होते हुए भी वह इनसे मुक्त नहीं है, लेकिन जो जीवनमुक्त महापुरुष हैं, उनके शरीर में रोग-मृत्यु होने पर भी वे इनसे मुक्त हैं।
- जो भगवान् को सामान्य मनुष्य मानते हैं, उनके सामने भगवान् प्रकट नहीं होते, उन्हें भगवद् कृपा भी प्राप्त नहीं होती।

□

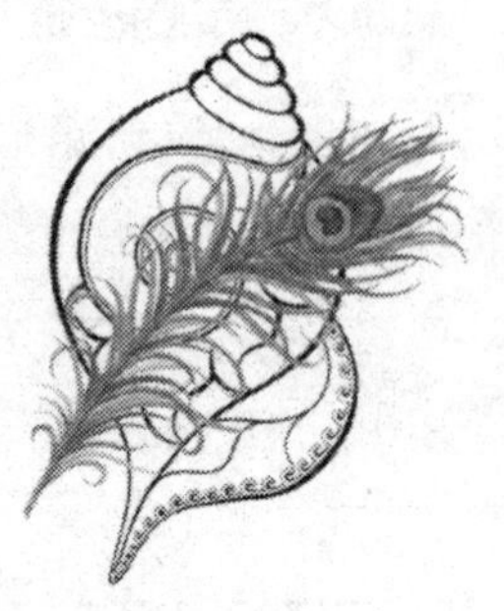

अध्याय-8

भगवद्-प्राप्ति का साधन

28 श्लोकवाले गीता के इस अध्याय में परमात्मा के 'अक्षर' और 'ब्रह्म' स्वरूप का वर्णन किया गया है। अक्षर यानी जिनका कभी क्षरण नहीं होता, समाप्ति नहीं होती और जो ब्रह्म के रूप में ब्रह्मांडव्यापी हैं। 'अक्षर' और 'ब्रह्म' शब्द परमात्मा के निर्गुण-निराकार, सगुण-निराकार और सगुण-साकार, इन तीनों स्वरूपों के वाचक हैं। इन तीनों में से किसी भी स्वरूप का चिंतन-मनन करने से परमात्मा के साथ योग (संबंध) हो जाता है।

अर्जुन को अब लगा कि श्रीकृष्ण स्वयं परमात्मा ही हैं। उसका सचमुच सौभाग्य है, जो वे स्वयं उसके सामने खड़े हैं। अतः उसने अपनी शंका समाधान करने के लिए पूछा—'भगवन्! आप मुझे बताइए कि अध्यात्म किसे कहते हैं? ब्रह्म क्या है और कर्म क्या है? अधिभूत, अधिदेव और अधियज्ञ में क्या अंतर है? मृत्यु के समय कोई आपको कैसे जानता है और कैसे मिल सकता है?'

भगवान् कृष्ण ने अर्जुन की जिज्ञासा शांत करते हुए कहा—'हे अर्जुन! अक्षर ब्रह्म वह शक्ति है, जो कभी नष्ट नहीं होती। वह अविनाशी और शाश्वत है। उस परमात्मा के नित्य स्वभाव को 'अध्यात्म' कहा

अक्षरं ब्रह्म परमं स्वभावोऽध्यात्ममुच्यते।
भूतभावोद्भवकरो विसर्गः कर्मसञ्ज्ञितः॥

देवकीनंदन बोले—परम अक्षर 'ब्रह्म' है, अपना स्वरूप यानी जीवात्मा 'अध्यात्म' है, तथा भूतों के भाव को उत्पन्न करनेवाला त्याग ही 'कर्म' कहा गया है।

जाता है। नाशवान जीवों के शरीर से संबंधित गतिविधि 'अधिभूत' कहलाती है। कामना सहित कर्म को 'सकाम' कहते हैं। सूर्य, चंद्रमा आदि देवताओं से संबंधित ज्ञान 'अधिदेव' कहलाता है तथा परमात्मा से संबंधित कर्म 'अधियज्ञ' कहे जाते हैं। जो परमात्मा हर जीवधारी के शरीर में विराजमान है, जिसका स्मरण 'अधियज्ञ' है।

'अंत काल में शरीर त्यागते समय जो केवल मेरा स्मरण करते हैं, वे मेरे स्वभाव को पा लेते हैं, इसमें संदेह नहीं। शरीर त्यागते समय प्राणी यदि किसी का भी स्मरण करता है तो वह उसी योनि को प्राप्त करता है। जैसे भरतमुनि ने हिरण की योनि प्राप्त की थी। इसीलिए हे पार्थ! तुम सदा मेरा चिंतन और स्मरण करते रहो और युद्ध रूपी कर्तव्य को भी करते रहो। अपने मन-बुद्धि को मुझे समर्पित करके अपने कर्म निष्ठा भाव से करते रहोगे, तो निश्चय ही मुझे प्राप्त करोगे। इसमें जरा भी संदेह नहीं।

'हे पार्थ! जो व्यक्ति मेरा स्मरण करने में निरंतर अपना मन लगाकर भजन करता है, वह मुझको अवश्य प्राप्त करता है। जो सर्वज्ञ है, अस्तहीन है, सूक्ष्म है, परंतु शासन करनेवाला है, सूर्य के समान तेजोमय तथा सबका पालन करनेवाला है, ऐसे परमेश्वर का स्मरण करते हुए जो व्यक्ति शरीर त्यागता है, वह उसी दिव्य परमेश्वर में लीन हो जाता है। वेदों के जानकार तथा विवेकी जन, जिसे अक्षर ब्रह्म कहते हैं, संन्यासी और ब्रह्मचारी, जिसके लिए तपस्या करते हैं, उसी परमात्मा को प्राप्त करने की विधि मैं तुम्हें बताता हूँ। योगी इसी विधि को अपनाते हैं। इंद्रियों को सब ओर से रोककर मन को हृदय में तथा प्राणवायु को मस्तक में केंद्रित करके जो व्यक्ति अक्षर ब्रह्म (ॐ) का चिंतन करते हुए श्वास (प्राण) छोड़ता है, वह मुझे प्राप्त करके मुक्त हो जाता है।

'हे धनंजय! जो निर्मल मन से नित्य ही मेरा स्मरण करता रहता है,

उस भक्त को तो मैं सहज ही मिल जाता हूँ। समझने की बात यह है कि स्वर्गलोक आदि सभी लोक नाशवान हैं। उनको प्राप्त करके भी पुनः मृत्युलोक में आना पड़ता है। केवल मुझे प्राप्त करने के बाद ही जन्म-मृत्यु से छुटकारा मिलता है। सतयुग, त्रेता युग, द्वापर युग तथा कलियुग मिलाकर 'चतुर्युगी' होती है। एक हजार चतुर्युगी बीतने पर ब्रह्मा का एक दिन होता है। इतनी ही लंबी एक रात होती है। ऐसे दिन-रात के प्रारंभ में ब्रह्माजी के शरीर से सब प्राणी जन्म लेते हैं और रात होने पर उनके शरीर में ही सब समा जाते हैं। परंतु अनश्वर, जो महाविष्णु परमात्मा हैं, उसे प्राप्त कर लेते हैं, पर वे आत्मा भी शाश्वत हो जाती हैं। उस सत्यनारायण से मिल जाने पर भक्त को पुनः जन्म नहीं लेना पड़ता। वही मेरा अनश्वर परम धाम है।

'यज्ञ, तप, दान, व्रतोपवास, तीर्थ आदि के सेवन से पुनः जन्म लेना ही पड़ता है। इससे ऊपर उठकर मुझ परमेश्वर में लीन होने पर पुनर्जन्म नहीं होता। मैं ही अक्षर ब्रह्म हूँ। उस सत्य को जानो तथा मुझे निरंतर स्मरण करो।

मुख्य शिक्षाएँ–

- जैसे एक ही जल परमाणु, भाप, बादल, वर्षा की क्रिया, बूँदें और ओले (बर्फ) के रूप में भिन्न-भिन्न दीखता है, पर असल में है एक ही, इसी प्रकार एक ही परमात्मा ब्रह्म, अध्यात्म, कर्म, अधिभूत, अधिदैव और अधियज्ञ के रूप में भिन्न-भिन्न होते हुए भी तत्त्वतः एक ही है। (अधिभूत=स्वामी, अधिदैव=परमेश्वर, अधियज्ञ=यज्ञप्रमुख)।
- सत् और असत् सब परमात्मा ही हैं, परमात्मा न सत् कहे जा सकते हैं और न असत्, परमात्मा सत् भी हैं, असत् भी हैं और

सत्-असत् दोनों से परे भी हैं।

- जो व्यक्ति जीवित रहते परमात्मा को नहीं भजता, यदि अंत समय में उनका स्मरण करता है तो भगवान् इतने दयालु हैं कि उसका उद्धार कर देते हैं।
- हर समय भगवान् के स्मरण से मनुष्य के मन-बुद्धि भगवान् को अर्पित हो जाते हैं। मन-बुद्धि से संबंध तोड़ लेने से वे स्वत: भगवान् को अर्पित होंगे, क्योंकि वे भगवान् की अपरा (सांसारिक) प्रकृति हैं।
- संसार का काम करते हुए भी जब सब संसार भगवान् का ही है, तब संसार का काम भी भगवान् का ही काम हुआ। इसे भगवान् की प्रसन्नता के लिए ही करना है, ऐसा भाव रखने से वह काम सांसारिक होने पर भी भगवान् का ही हो जाता है।
- अभ्यास में मन लगने से प्रसन्नता होती है और मन न लगने से खिन्नता होती है। अभ्यास तभी होगा, जब प्रसन्नता और खिन्नता, दोनों ही न हों। अगर मन में प्रसन्नता और खिन्नता हो भी जाएँ तो उनको महत्त्व न दें, केवल अपने लक्ष्य को महत्त्व दें। अपने लक्ष्य पर दृढ रहना भी योग है।
- मनुष्य का कर्म करने का जैसा-जैसा स्वभाव बना है, उसके अनुसार ही परमात्मा कर्तव्य कर्म करने की आज्ञा देते हैं।
- परमात्मा परमाणु से भी सूक्ष्म हैं। उन्हें मन, बुद्धि द्वारा नहीं पकड़ा जा सकता।
- जो संसार में ममता, आसक्ति, कामना करेगा, उसे लौटकर संसार में आना ही पड़ेगा।
- पुनर्जन्म सुखों पर आसक्ति के कारण ही होता है।
- मनुष्य भोगों में जितना अधिक लीन होता है, उतना ही उनका

गुलाम बनता चला जाता है।

- निष्काम (बिना इच्छा) भाव प्रकाश है और सकाम (इच्छा सहित) भाव अँधेरा है।
- कामनावाला या इच्छाएँ रखनेवाला मनुष्य ही मोह में पड़ता है और इसके वशीभूत होकर जीवन-मृत्यु के चक्र में घूमता रहता है।
- यज्ञ, दान, तप, तीर्थ, व्रत आदि जितने भी उत्तम प्रकार के कार्य हैं, उनसे प्राप्त होनेवाला फल धीरे-धीरे नष्ट हो जाता है, क्योंकि प्रत्येक कार्य आरंभ के बाद तय रूप से समाप्त होता है। इस समाप्ति के साथ ही उसका फल भी समाप्त हो जाता है।
- जो व्यक्ति यह समझ लेता है कि वह परमात्मा का ही अंश है, वह नाशवान भोगों में नहीं फँसता, बल्कि भगवान् का आश्रय लेकर जीवन-मृत्यु के चक्र से छूट जाता है।
- नाशवान पदार्थों के संग्रह और भोगों में फँसा व्यक्ति परमात्मा के वास्तविक स्वरूप को नहीं जान सकता। न जानने की यह चाह, न तो भगवान् ने दी है, न प्रकृति ने, न यह किसी कर्म का फल है, बल्कि व्यक्ति ने परमात्मा से विमुख होकर स्वयं ही ग्रहण की है, इसलिए इसे वह स्वयं ही मिटा सकता है।
- मनुष्य को सुख व भोगों के लोभ-लालच से स्वयं को बचाकर अपने मनुष्य जीवन को सार्थक बनाने के लिए सदैव प्रयत्नशील रहना चाहिए।

□

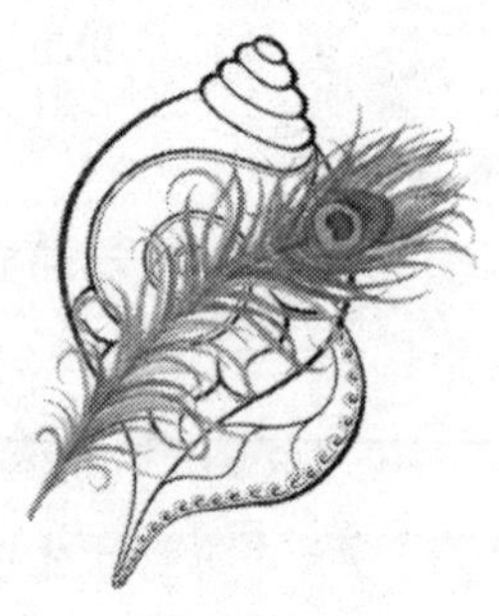

अध्याय-9

राज विद्या का रहस्य

34 श्लोक से सज्जित इस अध्याय में भगवान् श्रीकृष्ण ने ज्ञान विज्ञान, प्राणियों और सृष्टि के विषय में व्यापक रूप से बताया है। इस अध्याय में बताया गया है कि ज्ञान से संसार से मुक्ति होती है और विज्ञान से भगवान् में प्रेम। संसार के सभी जीव परमात्मा पर आश्रित होते हैं, उन्हीं से प्रकट होते हैं और प्रलय आने पर उन्हीं में लीन हो जाते हैं। यह प्रकृति भगवान् का ही एक अंश है, जिसमें सभी प्राणी वास करते हैं। इस प्रकार प्राणी और प्रकृति दोनों भगवान् से प्रकट होते हैं, उन्हीं पर आश्रित हैं और उन्हीं में लीन हो जाते हैं।

भगवान् श्रीकृष्ण की उपासना लोग तरह-तरह की क्रियाओं से—प्रसाद चढ़ाकर, नृत्य द्वारा, भजन द्वारा, यज्ञ, हवन, तप, दान द्वारा करते हैं, लेकिन भगवान् भाव के भूखे होते हैं। अगर शुद्ध भाव से भगवान् की उपासना की जाती है तो वे जल्दी प्रसन्न होते हैं।

भगवान् कृष्ण ने कहा—'अर्जुन! तुम मेरे प्रेमी भक्त हो। अत: जो गोपनीय राज विद्या रूपी ज्ञान है, वही तुम्हें समझाता हूँ, उसे जानकर तुम पुनर्जन्म के चक्र से सदा के लिए छूट जाओगे।

'जड़ या चेतन सभी प्राण और वस्तुएँ मुझमें ही समाए हुए हैं। मैं

यथाकाशस्थितो नित्यं वायुः सर्वत्रगो महान्।
तथा सर्वाणि भूतानि मत्स्थानीत्युपधारय॥

हे अर्जुन! जैसे आकाश से उत्पन्न सब जबह विचरनेवाली महान् वायु सदा ही आकाश में स्थित रहती है, ऐसे ही संपूर्ण प्राणी मुझमें ही स्थित रहते हैं—ऐसा तुम मान लो।

सबको पैदा करता हूँ, पालता हूँ, परंतु उनके आश्रित नहीं हूँ। जीव सभी मुझ पर आश्रित है, परंतु अज्ञान के कारण वे इस रहस्य को नहीं जानते। मैंने पहले भी बताया था कि सौ वर्ष की आयु पूरी करके ब्रह्मा भी जीवों तथा प्रकृति सहित मुझमें ही लीन हो जाते हैं। फिर मुझसे ही नया सृजन होता है। मैं सृष्टि रचना अनासक्त भाव से करता हूँ, मोह-माया मुझे कभी नहीं पाती।

'वैदिक रीति से किया जाने वाला यज्ञ, मंत्र, औषधि, घृत, अग्नि, ओंकार सबकुछ मैं ही हूँ। मैं ही माता, पिता, पितामह, ईश्वर, कर्मफलदाता, सबका आश्रय, सर्वहितकारी, प्रलयकर्ता, सृष्टिकर्ता एवं अनश्वर बीज स्वरूप हूँ। हे धनंजय! संसार के कल्याण के लिए मैं तरह-तरह के रूप धारण करता रहता हूँ। सूर्य बनकर मैं ही ऊष्मा देता हूँ। जल को ग्रहण करता हूँ, फिर वर्षा के रूप में पृथ्वी को वापस भी देता हूँ।

'मुझे भक्त से कुछ लेने की कामना कतई नहीं होती। मैं उसके प्रेम तथा श्रद्धा भाव को देखता हूँ। यदि भक्त श्रद्धापूर्वक पत्र, पुष्प, फल, जल आदि अर्पित करता है तो आनंद से ग्रहण करता हूँ और भक्त की इच्छा पूर्ण करता हूँ।

'हे पार्थ! मेरी शरण में आए हुए हर प्राणी को परमगति मिलती है। चाहे वह किसी वर्ग का या किसी जाति का हो। पुरुष हो या स्त्री, यहाँ तक कि वह मनुष्य हो या जीव-जंतु हो, पापी भी हो तथा मेरी शरण में आ गया हो, तो वह निश्चित रूप से संसार-सागर से पार होकर मोक्ष पा जाता है। तुम मेरे भक्त बनो। मेरी शरण में सबकुछ छोड़कर आ जाओ। शरणागत होते ही मुझे प्राप्त कर लोगे। कोई भक्त जैसे ही अहंकार का (मैं पन का) त्याग करता है, वह मुझ परमात्मा को पा लेता है।'

मुख्य शिक्षाएँ–

- चाहे कोई दुराचारी-से-दुराचारी, पापी-से-पापी क्यों न हो, चाहे किसी वर्ण का, आश्रम का, संप्रदाय का, देश का, वेश का हो, अगर वह सच्चे भाव से भगवान् की शरण में आ जाता है तो भगवान् उसे प्राप्त हो जाते हैं।
- भगवान् इस संपूर्ण जगत् के उत्तरदायी हैं, यह विश्वास 'ज्ञान' है और भगवान् के अतिरिक्त दूसरा कोई तत्त्व नहीं है, ऐसा अनुभव होना 'विज्ञान' है।
- असत् के साथ संबंध बनाना अशुभ है, जोकि ऊँच-नीच योनियों में जन्म लेने का कारण है।
- परमात्मा का नाम, रूप, लीला, धाम, स्मरण, कीर्तन, जप, ध्यान, ज्ञान आदि सब पवित्र हैं और ये सभी प्राणीमात्र को पवित्र करनेवाले हैं।
- जो मनुष्य 'ज्ञान' और 'विज्ञान' के भेद को समझ लेते हैं, वे भगवान् में तल्लीन होकर उनके ही स्वरूप हो जाते हैं।
- संसार के साथ हमारा संयोग और परमात्मा के साथ हमारा वियोग कभी हो ही नहीं सकता। परमात्मा सभी योनियों में हमारे साथ रहते हैं, परंतु केवल मनुष्य योनि में ही परमात्मा को पहचाना जा सकता है, अन्य किसी योनि में नहीं।
- प्रकृति परमात्मा की एक विलक्षण शक्ति है। यह न तो परमात्मा से भिन्न है, न अभिन्न। अपनी इसी प्रकृति को स्वीकार करके परमात्मा महाप्रलय के बाद अपनी प्रकृति की माँग के अनुसार जीवों की रचना करते हैं।
- भगवान् संसार की रचना प्रकृति को लेकर करते हैं और प्रकृति संसार की रचना भगवान् के नेतृत्व में करती है।

- भगवान् शरीर के आश्रित नहीं होते। शरीर पर केवल वे ही आश्रित होते हैं, जिनके कर्मफल बाकी होते हैं और शरीर पाकर वे कर्मफल भोगते हैं।
- जो व्यक्ति भगवान् को नहीं मानता, वह कितने ही शुभकर्म कर ले, अंत में सब बेकार हो जाते हैं, क्योंकि फल की इच्छा से किए गए कर्म बारंबार व्यक्ति को दुःख और अशांति की ओर धकेलते हैं।
- जो लोग अपनी स्वार्थ पूर्ति में, अपनी इच्छा पूर्ति में अपने जीवन को धन्य बनाने में लगे रहते हैं, दूसरों को कितना दुःख हो रहा है, दूसरों की कितनी हानि हो रही है, इसकी उन्हें जरा भी चिंता नहीं होती, वे 'आसुरी' स्वभाववाले होते हैं।
- जिन लोगों की स्वार्थपूर्ति, इच्छा पूर्ति में कोई बाधा खड़ी होने पर वे क्रोधित हो जाते हैं और दूसरों का अहित करने से भी नहीं चूकते, वे 'राक्षसी' स्वभाववाले होते हैं।
- जो लोग स्वार्थ, परमार्थ, वैर, कुछ भी न होने पर जीवों को तंग करते हैं, जैसे सोते कुत्ते को पत्थर मार देना, चुगते पंछियों को उड़ा देना, गाय को लाठी मारकर भगा देना, ऐसे लोग 'मोहिनी' स्वभाव के होते हैं।
- जो लोग भगवान् को भूलकर केवल भोग और आनंद में फँसे रहते हैं, वे मूर्ख होते हैं। उनका जीवन व्यर्थ है। उनका बुरा अंत निश्चित है।
- सांसारिक क्रियाओं में फँसे लोगों को कभी तृप्ति नहीं मिलती। तृप्ति केवल परमात्मा के अर्पण से ही प्राप्त हो सकती है।
- मनुष्य के पास जो कुछ सुख-सुविधाएँ, भोग-आनंद की सामग्री है, वह परमात्मा के रूप में मौजूद इस विशाल संसार की सेवा के

लिए है, लेकिन लोग इसे अपना मानकर भोगते हैं और मालिक की बजाय इनके गुलाम हो जाते हैं। इस सामग्री के खोने-पाने को वे अपना खोना-पाना या बनना-बिगड़ना मानने लगते हैं, यही उनके विनाश का कारण बनता है।

- जब मनुष्य स्वयं को भगवान् के प्रति समर्पित कर देता है तो चाहे कैसी भी प्रतिकूल या अनुकूल परिस्थिति आए, वह सब भगवान् की दया और कृपा में बदल जाती है।
- जैसे बच्चे को सुधारने के लिए माँ उसे अनुशासन का पाठ सिखाती है, वैसे ही मनुष्य को सही मार्ग पर चलाने के लिए परमात्मा उसकी समय-समय पर परीक्षा लेते हैं।
- विषमता भगवान् में नहीं, प्राणियों में मौजूद होती है, इसी कारण वे भगवान् से दूर रहते हैं।
- जाति और आचरण को लेकर व्यक्ति को परमात्मा की ओर से निराश नहीं होना चाहिए। जाति और आचरण नष्ट होनेवाले तथा बनावटी हैं, पर भगवान् के साथ व्यक्ति का संबंध नित्य तथा वास्तविक है।
- संसार के लोग बाहरी आवरण से प्रभावित होते हैं, जबकि परमात्मा भीतरी भाव से।

□

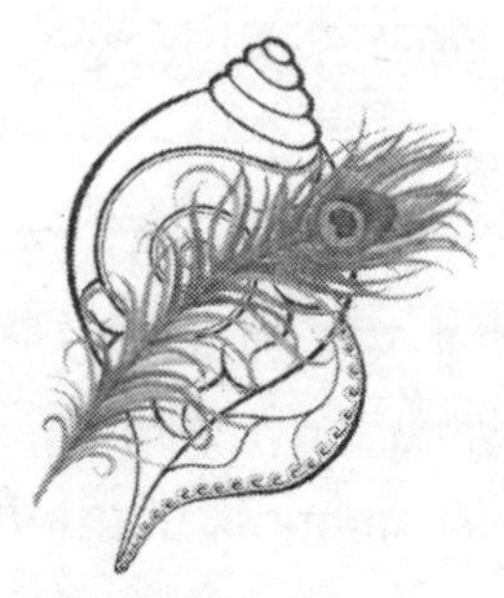

अध्याय-10

श्री भगवान् का ऐश्वर्य जानो

इस अध्याय में 42 श्लोक हैं। अध्याय में परमात्मा को सभी का मूल कहा गया है। जो व्यक्ति अपना हित साधने के लिए, अपनी स्वार्थ पूर्ति के लिए इच्छा करता है और उसके अनुसार संग्रह करता है, उसका भला कभी नहीं होता, इसके विपरीत जो व्यक्ति परमार्थ के लिए इच्छा और संग्रह करता है, वह अपनी सभी इच्छाओं से मुक्ति पा जाता है, फिर उसकी कोई इच्छा शेष नहीं रहती।

श्रीकृष्ण कहते हैं, 'जो व्यक्ति दृढ़ विश्वास करके मुझे अजनमा और अनंत, सारे लोकों के स्वामी परमेश्वर पर भरोसा करता है, मुझे एकमेव स्वामी मानता है, वह स्वयं ही श्रेष्ठ, ज्ञानी तथा निष्पाप बन जाता है। सब प्रकार के भाव (क्षमा, दया, सुख, दुःख, भय, अहिंसा, संतोष, तप, दान, त्याग, यश, अपयश) मुझसे ही जन्म लेते हैं।

'सृष्टि के आरंभ में चारों सनकादि (सनक, सनंदन, सनातन और सनतकुमार), सातों ऋषि तथा मनु (चौदह) सब मेरे मन से ही उत्पन्न हुए हैं। (सात महर्षि हैं—मरीचि, अत्रि, अंगिरा, पुलह, कृतु, पुलस्त्य और वसिष्ठ। चौदह मनु हैं—स्वायंभुव, स्वारोचिष, उत्तम, तामस, रैवत, चाक्षुण, वैवस्वत, सावर्णि, दक्षसावर्णि, ब्रह्म सावर्णि, धर्म सावर्णि, रुद्र

योो मामजमनादिं च वेत्ति लोकमहेश्वरम्।
असम्मूढः स मर्त्येषु सर्वपापैः प्रमुच्यते॥

जो मनुष्य मुझे अजन्मा, अनादि और संपूर्ण लोकों का महान् ईश्वर मानता है अर्थात् दृढता से स्वीकार कर लेता है, वह मनुष्यों में ज्ञानवान् है और वह संपूर्ण पापों से मुक्त हो जाता है।

सावर्णि, देव सावर्णि और इंद्र सावर्णि।)

'हे अर्जुन! इस पूरे जगत् की उत्पत्ति का मूल कारण मैं ही हूँ। मेरी शक्ति से ही सब क्रिया-कलाप हो रहे हैं। जो इस रहस्य को समझ जाते हैं, ऐसे ज्ञानी ही मेरे भक्त होते हैं। ये भक्त मेरे गुण, स्वभाव को समझते हैं। वे सदा संतुष्ट रहकर मुझ पर भरोसा रखते हैं तथा मुझसे प्रेम करते हैं। वे लाभ-हानि, सुख-दु:ख, आदर-निरादर, स्तुति-निंदा सब स्थिति में एक समान और संतुष्ट रहते हैं। उनके अज्ञान रूपी अँधेरे को मैं अपने ज्ञान के दीपक से प्रकाशित कर देता हूँ।

'बार-बार सृष्टि की उत्पत्ति मैं ही करता हूँ तथा सृष्टि का अंत करके भी मैं ही रह जाता हूँ। सबका पालन भी मैं ही करता हूँ। कीर्ति, मेधा, श्री, धृति, क्षमा और वाणी मेरे ही स्वरूप हैं।

'अर्जुन! तुम केवल इतना समझ लो कि यह जगत् ही नहीं, सारा ब्रह्मांड मेरे केवल एक बाल में समाया हुआ है। अर्थात् मेरे अंश का भी अंश हैं। अत: मुझे पूर्णत: कोई जान ही नहीं सकता। अब मेरी आज्ञा से युद्ध करो।'

मुख्य शिक्षाएँ–

- जिन व्यक्तियों के शरीरों का जीवन और मरण चलता रहता है, वे अपनी सीमित बुद्धि और योग्यता से असीम परमात्मा को कभी नहीं जान सकते।
- किसी उद्देश्य या लक्ष्य पर एकाग्र करनेवाली शक्ति का नाम 'बुद्धि' है।
- अच्छा-बुरा, प्राप्त-अप्राप्त, सत्य-असत्य, उचित-अनुचित, कर्तव्य-अकर्तव्य, नित्य-अनित्य, इस जानकारी का नाम 'ज्ञान' है।

- शरीर और संसार को नष्ट होनेवाला जानकर भी इसमें रहकर 'मैं' और 'मेरा' करना 'मोह' है और इनसे अलग रहने का नाम 'मुक्ति'।
- अपराधी को क्षमा कर देना, उसके अपराध को सह लेना और यह इच्छा करना कि उसे कहीं भी उसके अपराध के लिए दंड न मिले, इस गुण को 'क्षमा' कहा गया है।
- परमात्मा को पाने के लिए और दूसरों के कल्याण के लिए जैसा आपने देखा, सुना और समझा, उसे वैसा-का-वैसा बिना मिलावट के कह देना 'सत्य' है।
- इंद्रियों को उनके विषयों से अलग करके परमात्मा के ध्यान में लगाना 'दम' है तथा मन को सांसारिक भोगों के चिंतन से अलग करने का नाम 'शम' है।
- मन, इंद्रियों और शरीर को जब अनुकूल हालात से जो खुशी प्राप्त होती है तो उसे 'सुख' कहते हैं, इसके विपरीत प्रतिकूल हालात से जो नाखुशी प्राप्त होती है, उसे 'दुःख'।
- अपने मन, वचन या कर्म से किसी भी अच्छे या बुरे हाल में किसी प्राणी को जरा भी दुःख-कष्ट न पहुँचाना 'अहिंसा' है।
- जीवन के हालात चाहे बुरे हों या अच्छे, मन को हर हाल में शांत रखने का नाम 'समता' है।
- माँग से कम मिले, ज्यादा मिले या बिल्कुल न मिले, तब भी विचलित न होकर मन को शांत और संयमित रखने का नाम 'तुष्टि' है।
- कर्तव्य पालन के रास्ते में चाहे कितने भी कष्ट आएँ, मुसीबतें आएँ, सबको हँसते-हँसते सहने का नाम 'तप' है।
- अपनी कमाई में से बिना फल की आशा और अहंकार के कुछ

हिस्सा जरूरतमंद को देने का नाम 'दान' है।

- जैसे एक ही हाथ में अलग-अलग आकार व भाव की उँगलियाँ होती हैं, वैसे ही भगवान् एक ही हैं, लेकिन उनके प्रकट हाने के भाव अलग-अलग हैं।
- सनक, सनंदन, सनातन और सनत्कुमार, ये सभी सनकादि ऋषि कहलाते हैं और चारों सदैव पाँच वर्ष की आयु के बालक के रूप में रहते हैं।
- ब्रह्माजी के एक दिन (कल्प) में चौदह मनु होते हैं। ये चौदह मनु हैं—स्वायंभुव, स्वारोचिष, उत्तम, तामस, रैवत, चाक्षुष, वैवस्वत, सावर्णि, दअसावर्णि, ब्रह्म सावर्णि, धर्म सावर्णि, रुद्र सावर्णि, देव सावर्णि और इंद्रसावर्णि।
- संसार में दो प्रकार की प्रजा है—स्त्री-पुरुष के संयोग से पैदा होनेवाली और शब्द (दीक्षा, मंत्र, उपदेश आदि द्वारा) पैदा होने वाली।
- संयोग से उत्पन्न होनेवाली प्रजा 'बिंदुज' कहलाती है तथा शब्द से उत्पन्न होनेवाली 'नादज'।
- बिंदुज प्रजा पुत्र परंपरा से और नादज प्रजा शिष्य परंपरा से चलती है।
- सप्तर्षियों और चौदह मनुओं ने विवाह किया था। उनसे उत्पन्न होनेवाली प्रजा 'बिंदुज' है, परंतु सनकादि ऋषियों ने विवाह नहीं किया, उनसे उपदेश प्राप्त करके दूसरों की भलाई के मार्ग में लगनेवाली प्रजा 'नादज' है।
- जब व्यक्ति इच्छा करके भोग भोगता है तो इससे भोगों के साथ-साथ उसकी शक्ति का भी क्षरण होता है, इसके विपरीत जब भोगों के प्रति उसे तनिक भी लालच नहीं पैदा होता, तब उसकी

शक्ति की हानि नहीं होती, वह सामर्थ्यवान बना रहता है।

- कुछ लोग भगवान् को याद करते हैं, कुछ लोगों के मन में हमेशा भगवान् का चिंतन चलता रहता है। भगवान् को याद करना नकली चिंतन है और हमेशा चलनेवाला चिंतन असली। पहलेवाले का करना पड़ता है और दूसरावाला श्वास की भाँति अपने आप निरंतर चलता रहता है।
- मैं कहाँ-कहाँ, किस-किस वस्तु, व्यक्ति, स्थान आदि में परमात्मा का चिंतन करूँ? जहाँ-जहाँ भी तू चिंतन करता है, वहाँ-वहाँ ही तू मुझे (परमात्मा को) मौजूद जान।
- स्कंद शिवजी के पुत्र और देवताओं के सेनापति हैं। इनके छह मुँह और बारह हाथ हैं।
- जो मनुष्य 'ॐ'—एक अक्षर प्रणव को बोलकर भगवान् का स्मरण करके शरीर छोड़कर जाता है, उसे मोक्ष प्राप्त होता है।
- पर्वतों में हिमालय, नदियों में गंगा और वृक्षों में पीपल श्रेष्ठ है।
- हाथियों में ऐरावत, अस्त्र-शस्त्रों में वज्र, गायों में कामधेनु और सर्पों में वासुकि श्रेष्ठ है।
- वायु से सब चीजें पवित्र होती हैं, वायु से ही निरोगता आती है। इसे परमात्मा का ही रूप समझना चाहिए।
- कीर्ति, श्री, वाक्, स्मृति, मेधा, धृति और क्षमा, ये सातों संसार की श्रेष्ठ नारियाँ हैं। इनमें कीर्ति, स्मृति, मेधा, धृति और क्षमा, ये पाँच प्रजापति दक्ष की, श्री महर्षि भृगु की तथा वाक् ब्रह्माजी की कन्या हैं।
- उपर्युक्त स्त्रीदानक नामवाले सातों गुण भी संसार भर में प्रसिद्ध हैं, जैसे प्रसिद्ध और गुणी व्यक्ति की जो प्रतिष्ठा है, उसे कीर्ति कहते हैं।

- परमात्मा का स्वरूप अत्यंत विराट् है। परमात्मा के किसी भी एक सूक्ष्म अंश या रोमकूप में अनंत सृष्टियाँ और हमारा ये ब्रह्मांड विद्यमान है।

□

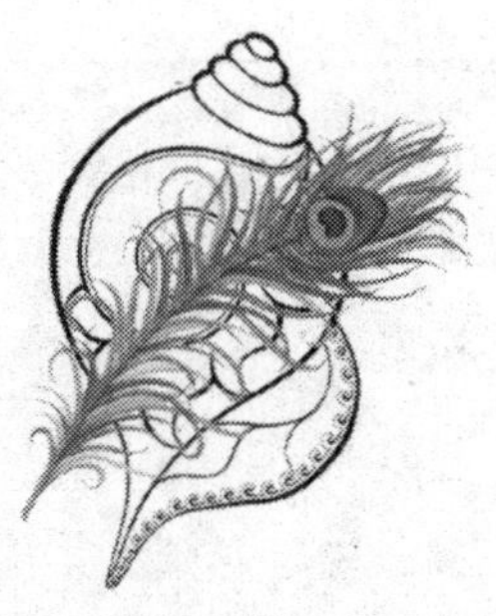

अध्याय-11

भगवान् का विराट् रूप में दर्शन

इस अध्याय में 55 श्लोक हैं, जिनमें भगवान् श्रीकृष्ण के विश्व रूप के दर्शन हैं। अर्जुन को अपने विश्वरूप के दर्शन कराने के लिए भगवान् श्रीकृष्ण ने उन्हें दिव्य दृष्टि प्रदान की। अभी तक की स्थिति यह थी कि अर्जुन युद्ध से बचना चाहते थे, लेकिन भगवान् के समझाने पर और उनमें साक्षात् परमात्मा को देखकर उनका संदेह जाता रहा और वे युद्ध के लिए पूरी तरह दृढ नजर आने लगे।

अर्जुन ने जब विराट रूप दिखाने की प्रार्थना कि तो भगवान् कृष्ण बोले, 'हे धनंजय! मैं अपना कोई एक ही रूप एक व्यक्ति को दिखाता हूँ। तुमने जिज्ञासा प्रकट की है तथा तुम इसके योग्य हो, अतः मैं अपने अनेक वर्णोंवाला, अनेक मुखवाला तथा अनेक रूपोंवाला दिव्य दर्शन करवाता हूँ।'

भगवान् के अनगिनत मुख और अनगिनत हाथ दिखाई पड़ रहे हैं। सभी हाथों में अनेक प्रकार के शस्त्र चमक रहे हैं, उन्होंने अनेक मालाएँ पहनी हैं तथा अलौकिक वस्त्र शोभित हो रहे हैं। भगवान् के सभी दिव्य मुखों से अनेक सूर्यों जैसा प्रकाश फैल रहा है। ऐसा रूप देखकर अर्जुन को भारी हैरानी हो रही है। अब वह सिर झुकाए और हाथ जोड़े खड़ा है।

पश्य मे पार्थ रूपाणि शतशोऽथ सहस्रशः।
नानाविधानि दिव्यानि नानावर्णाकृतीनि च॥

हे पार्थ! अब तू मेरे अनेक तरह के और अनेक वर्णों तथा आकृतियोंवाले सैकड़ों-हजारों अलौकिक रूपों को देख।

भगवान् कृष्ण बोले—'हे अर्जुन! मैं महाभयंकर महाकाल हूँ। सभी जीवों का अंत मैं ही करता हूँ। इस समय दोनों ओर की सेनाओं का नाश करने के लिए ही आया हूँ। इसलिए तुम अपना युद्ध का कर्तव्य पूरा करो। तुम व्याकुल मत होओ और चिंता मत करो। जीत-हार का विचार छोड़ दो, केवल अपना कर्म करो। तुम लड़ो, जिसे मैं मारना चाहूँगा, वही मरेगा।'

मुख्य शिक्षाएँ–

- धाता, मित्र, अर्चना, शक्र, वरुण, अंश, भग, विवस्वान्, पूवा, सविता, त्वष्टा और विष्णु, ये बारह 'आदित्य' कहे गए हैं और अदिति इनकी माता हैं।
- धर, ध्रुव, सोम, अहः, अनिल, अनल, प्रत्यूष और प्रभास, ये आठ 'वसु' कहे गए हैं।
- हर, बहुरूप, त्रयंबक, अपराजित, वृषाकपि, शंभु, कदर्पि, रैवत, मृगव्याध, शर्व और कपाली, ये ग्यारह 'रुद्र' हैं।
- अश्विनीकुमार दो हैं, जो देवताओं के वैद्य कहलाते हैं।
- मरुद्गण 49 हैं। ये पृथ्वी पर मौजूद वायुकोणों के स्वामी हैं। इनके नाम हैं—आदित्य, सत्यज्योति, सत्त्वज्योति, तिर्यग्ज्योति, सज्योति, ज्योतिष्मान, हरित, ऋतजित्, सत्यजित् सुषेण, सेनजित, सत्यमित्र, अभिमित्र, हरिमित्र, कृत, सत्य, ध्रुव, धर्ता, विधर्ता, विधारय, ध्वांत, धुनि, उग्र, भीम, अभियु, साक्षिव, ईदृक्, अन्यादृक्, यादृक, प्रतिकृत, ऋक्, समिति, संरंभ, ईदृक्ष, पुरुष, अन्यादृक्ष, चेतस, समिता, समिहक्ष, प्रतिइक्ष, मरुत, सरत, देव, दिश, युजः, अनुहक्, साम, मानुष और विश।
- वेदों, शास्त्रों, पुराणों, स्मृतियों, संतों की वाणियों और तत्त्वज्ञ

महापुरुषों द्वारा जानने योग्य जो परम ब्रह्म हैं, वे भगवान् श्रीकृष्ण ही हैं।

- जब-जब पृथ्वी पर धर्म की हानि और अधर्म की बढ़ोतरी होती है, भगवान् श्रीकृष्ण विभिन्न अवतार लेकर अधर्म का नाश करके सनातन धर्म की रक्षा करते हैं।
- भगवान् में अनेक तरह की अद्‌भुत्‌ता है। वे देश, काल, वस्तु, व्यक्ति, रूप, ज्ञान, योग आदि सब दृष्टियों से अनंत हैं। जिसे हमने देखा नहीं, सुना नहीं, जाना नहीं, समझा नहीं और जो हमारी कल्पना में आया नहीं, वह सब भगवान् के दिव्य विराट् रूप में निहित है।
- क्रतु, दक्ष, श्रव, सत्य, काल, काम, धुनि, कुरुवान्, प्रभवान् और रोचमान, ये दस विश्वेदेव हैं।
- कव्यवाह, अनल, सोम, यम, अर्चमा, अग्निष्वांत और बर्हिषत्, ये सात पितर हैं।
- दाएँ और बाएँ दोनों हाथों से बाण चलाने में निपुण होने के कारण अर्जुन का नाम 'सव्यसाची' पड़ा।
- मनुष्य को निमित्त मात्र बनकर सभी कार्य करने चाहिए। निमित्त मात्र बनकर कार्य करने में अपनी ओर से किसी भी अंश में कोई कमी नहीं होनी चाहिए, लेकिन साथ ही कार्य सिद्ध होने पर उसे करने का स्वयं अभिमान नहीं पालना चाहिए।
- जब व्यक्ति अपना बल मानते हुए कार्य करता है तो अपना बल मानने के कारण उसे बार-बार विफलता का अनुभव होता है और फल प्राप्ति में देरी लगती है।
- कर्मों में जो अपने करने का अभिमान है कि 'मैं करता हूँ तो होता है, अगर मैं नहीं करूँ तो नहीं होगा' यह केवल मूर्खता के कारण

ही मन में धारण कर रखा है। अगर मनुष्य अभिमान और फलेच्छा का त्याग करके प्राप्त परिस्थिति के अनुसार कर्तव्य-कर्म करने में माध्यम मात्र बन जाए तो उसका कल्याण स्वत: सिद्ध है।

- वायु के रूप में सबके प्राण, यम के रूप में यमलोक के स्वामी, प्रकाश के रूप में अग्नि, जल के स्वामी वरुण, वनस्पतियों के पालन-पोषणकर्ता चंद्रमा और पितामह ब्रह्म, सब भगवान् कृष्ण के ही अनंत रूप हैं।
- भगवान् श्रीकृष्ण में सभी ग्यारह रस विद्यमान हैं। ये ग्यारह रस हैं—शांतरस, अद्‌भुत रस, रौद्ररस, वीभत्स रस, वीर रस, दास्य रस, करुण रस, सख्य रस, वात्सल्य रस, माधुर्य रस तथा हास्य रस।
- भगवान् श्रीकृष्ण ने कहा है, "मेरा दर्शन मेरी कृपा से ही हो सकता है, किसी योग्यता से नहीं।"
- साधन के बल पर मैं अपना उद्धार कर लूँगा, जो ऐसा सोचता है, वह भगवान् की कृपा से कोसों दूर है। भगवान् तो अभिमान को गलाने पर प्राप्त होते हैं।

□

अध्याय-12

भक्ति से भगवान् मिलते हैं

बीस श्लोकवाले इस संक्षिप्त अध्याय में भक्ति और ज्ञान के महत्त्व पर प्रकाश डाला गया है। दरअसल ज्ञान का उदय होने पर ही मनुष्य भक्ति की ओर उन्मुख होता है, यह ज्ञान जरूरी नहीं कि किताबी ज्ञान हो। भगवान् की भक्ति स्वतः ज्ञान का मार्ग मनुष्य के सामने खोल देती है, इसलिए इस अध्याय में भक्ति को ज्ञान से श्रेष्ठ बताया गया है। ज्ञान और भक्ति के साधनों का भी अध्याय में वर्णन आया है।

अर्जुन ने भगवान् के विराट् स्वरूप के दर्शन कर लिये थे। श्रीकृष्ण वास्तव में अजनमा और अनंत हैं, वही महाविष्णु हैं, यह तो संदेह की बात ही नहीं रही। जब भगवान् अपने मानव रूप में आ गए, तब अर्जुन ने पूछा—'हे प्रभो! कुछ लोग आपके साकार रूप का भक्तिभाव से पूजन करते हैं तथा कुछ आपको निराकार मानकर ध्यान तथा योग से पाना चाहते हैं। इनमें कौन से श्रेष्ठ हैं?'

भगवान् श्रीकृष्ण बोले—'जो मेरे साकार स्वरूप की श्रद्धापूर्वक उपासना करते हैं, वे ही श्रेष्ठ हैं। जो इंद्रियों को वश में करके मुझे सर्वव्यापक मानकर परहित में लगे रहते हैं, वे भी मुझे प्राप्त कर लेते हैं। परंतु यह मार्ग कठिन है, क्योंकि संसार की आसक्तियों को त्यागकर

एवं सततयुक्ता ये भक्तास्त्वां पर्युपासते।
ये चाप्यक्षरमव्यक्तं तेषां के योगवित्तमाः॥

हे यदुनंदन! जो भक्त इस प्रकार निरंतर आपमें लगे रहकर आपकी उपासना करते हैं और जो अविनाशी निर्गुण-निराकार की उपासना करते हैं, उन दोनों में से उत्तम योगवेत्ता कौन है?

शरीर तक का मोह छोड़कर ही मुझमें ध्यान केंद्रित करना पड़ता है।

'हे पार्थ! जो भक्त अपने सभी कर्म मेरे द्वारा और मेरे लिए ही करते हैं, अपने कर्म मुझे समर्पित कर देते हैं, वे जन्म-मरण से मुक्त हो जाते हैं। इसलिए तुम्हारे लिए यही श्रेष्ठ है कि तुम मन-बुद्धि से किए गए सब कर्मों को मुझको सौंप दो तो अवश्य ही मोक्ष प्राप्त करोगे।

'यदि तुम भजन-कीर्तन, चिंतन-मनन से मुझे भक्तिपूर्वक भजो तो भी मुझे पा सकते हो। तुम्हारे लिए सरल मार्ग यह है कि जो भी कर्म करो, उसके फल की कामना मत करो। ऐसा कर पाए तो तुम्हारा मन आप ही मुझे में लग जाएगा।

'हे धनंजय! अभ्यास योग से मेरा ध्यान करने से ज्ञान उत्तम है, ज्ञानपूर्वक ध्यान श्रेष्ठ है। ध्यान से कर्म (मुझे सौंपकर) करना सरल तथा श्रेष्ठ है। फल-त्याग से ही शांति मिलती है तथा मोक्ष की प्राप्ति भी होती है। मुझे वही भक्त प्यारा है, जो ममता और वैरभाव से रहित है, दयालु और संतुष्ट है और समर्पण भाव से मुझे भजता रहता है। जिस भक्त को दुःख-सुख समान लगता है, वह भोग के लिए संग्रह नहीं करता, वह मुझे प्यारा लगता है। जो ईर्ष्या-द्वेष नहीं करता, शत्रु तथा मित्र, मान-अपमान को भी समदृष्टि से देखता है, उसकी केवल मुझमें आस्था है, वह मुझे प्यारा है।

'हे अर्जुन! जो अनन्य भाव से केवल मेरा ही चिंतन करते हैं तथा मेरा ही कीर्तन करते हैं। मेरी आज्ञा का पालन करते हैं, वे भक्त मुझे सबसे अधिक प्रिय हैं।'

मुख्य शिक्षाएँ–

- दूसरों की भलाई के कार्य करते समय मनुष्य अपना संबंध ईश्वर से जोड़ लेता है और जीवन से जुड़े व्यवहार करते समय संसार से

संबंध जोड़ लेता है, यह भूल है। दोनों ही काम के समय ईश्वर से संबंध जोड़ना भक्ति और ज्ञान का मार्ग खोलता है।

- मन वहीं लगता है, जहाँ प्रेम होता है। जिससे प्रेम होता है, उसका चिंतन स्वतः होता है।
- चेतन और नित्य होने के कारण जीव (आत्मा) का भगवान् से संबंध स्वतः सिद्ध है, क्योंकि यह जीव परमात्मा का अंश है।
- जिस मनुष्य का लक्ष्य सांसारिक धन-संपदा का संग्रह और उनसे सुख लेना नहीं है, बल्कि एकमात्र परमात्मा को प्राप्त करना है, उसमें सांसारिक भोग और उनका संग्रह करने की इच्छा बिल्कुल नहीं रहती।
- जहाँ प्रेम होता है, वहाँ मन लगता है और जहाँ श्रद्धा होती है, वहाँ बुद्धि लगती है।
- ज्ञान और भक्ति, दोनों ही संसार का दुःख दूर करने में समान हैं, परंतु दोनों में ज्ञान के मुकाबले भक्ति की महिमा अधिक है, क्योंकि ज्ञान में तो अखंड रस की प्राप्ति होती है, पर भक्ति में अनंत रस की प्राप्ति होती है, जो निरंतर बढ़ता रहता है।
- नेत्रों की दृष्टि और शब्द आपस में नहीं टकराते।
- शरीर से लगाव नहीं रखना चाहिए, समाज से लगाव रखना चाहिए। शरीर से लगाव रखने से अहंकार का भाव बढ़ता है, जबकि समाज से लगाव रखने पर अहंकार समाप्त हो जाता है।
- दूसरों की पैसों और चीजों तथा शरीर से सेवा कर देना ही सेवा नहीं है, बल्कि अपने लिए कुछ भी न चाहकर दूसरों का हित कैसे हो, उन्हें सुख कैसे मिले, इस भाव से कर्म करना ही सच्ची सेवा है।
- जैसे बिना किसी से प्रेरणा पाए मनुष्य यत्नपूर्वक अपने शरीर की

देखभाल करता है, इसका अहंकार भी नहीं करता, इसी प्रकार दूसरों की सेवा करना सच्ची सेवा है।

- बुराई का त्याग होने पर दूसरों की जो सेवा होती है, वह बड़े-से-बड़े दान-पुण्य से भी नहीं हो सकती, इसलिए बुराई का त्याग भलाई का मूल है। जिसने बुराई का त्याग कर दिया है, वही प्राणीमात्र की भलाई में जुट सकता है।
- जैसे समुद्र में जल-ही-जल होता है, ऐसे ही संसार में मृत्यु-ही-मृत्यु है। संसार में पैदा होनेवाली कोई भी वस्तु शाश्वत नहीं है, वह हर क्षण मृत्यु की ओर बढ़ रही है, इसलिए संसार को 'मृत्यु सागर' कहा गया है।
- मनुष्य में अनुकूल एवं प्रतिकूल दोनों आदतें रहती हैं। सांसारिक घटना, परिस्थिति तथा प्राणी-पदार्थों में अनुकूल-प्रतिकूल आदतें राग-द्वेष उत्पन्न करके मनुष्य को संसार में बाँध देती हैं।
- मनुष्य जिस भाव से भगवान् की शरण लेता है, उसी भाव से भगवान् उसे आश्रय देते हैं।
- 'मैं क्या हूँ', इसका तो पता नहीं, पर 'मैं हूँ' इसका सबको पता है। 'मैं क्या हूँ' को खोज लेना ही ईश्वर को पा लेना है।
- मन भगवान् में लगाने से संसार का चिंतन नहीं होगा और बुद्धि भगवान् में लगाने से मनुष्य को संसार के आश्रय की आवश्यकता नहीं रह जाएगी।
- सांसारिक सुख-पदार्थ कर्म करने से प्राप्त होते हैं, लेकिन भगवान् की प्राप्ति भावना द्वारा होती है।
- कर्मों को भगवान् को अर्पण करने से व्यक्ति आसानी से भगवान् को प्राप्त हो जाता है।
- किसी एक विषय में होशियारी प्राप्त करने के लिए बार-बार

प्रयत्न करने का नाम अभ्यास है।

- मन पर नियंत्रण ध्यान तथा अभ्यास द्वारा किया जा सकता है, ज्ञान द्वारा नहीं।
- कर्मों से लगाव और फल की इच्छा ही संसार में बंधन का कारण है।
- कर्म हो, लेकिन लगाव न हो तथा फल की इच्छा न रहने से कर्मफल त्यागी व्यक्ति आसानी से सांसारिक बंधन से मुक्त हो जाता है।
- शरीर, इंद्रिय, मन, बुद्धि, योग्यता, सामर्थ्य, पदार्थ आदि, जो कुछ मनुष्य के पास हैं, वह सब–का–सब संसार से ही मिला हुआ है, उसका व्यक्तिगत नहीं है।
- अपना कुछ नहीं है, अपने लिए कुछ नहीं चाहिए तथा अपने लिए कुछ नहीं करना है, यही कर्मयोग का मूल महामंत्र है।
- जीव (आत्मा) स्वयं चेतन और अविनाशी है तथा संसार जड़ और विनाशी है।
- त्याग असीम होता है। संसार के संबंध में तो सीमा होती है, पर संसार के त्याग में कोई सीमा नहीं होती।
- त्याग करते ही परमात्मा की प्राप्ति हो जाती है।
- सुखियों से मित्रता, दुःखियों से करुणा, पुण्यात्मा लोगों से खुशी और पापी लोगों से उपेक्षा का भाव मन को निर्मल बनाता है।
- दुःख पानेवालों की अपेक्षा दुःख देनेवालों पर दया होनी चाहिए, क्योंकि दुःख पानेवाले तो अपने पिछले पापों से छूट रहे हैं, पर दुःख देनेवाले नए पाप कर रहे हैं, इसलिए दुःख देनेवाले दया के विशेष पात्र हैं।
- भगवान् का भक्त सुख–दुःखों की प्राप्ति में सम रहता है, उसमें

कोई विकार उत्पन्न नहीं होता।

- भगवान् को तो सभी प्रिय हैं, परंतु भक्त का प्रेम भगवान् के सिवाय कहीं नहीं होता।
- किसी वस्तु की इच्छा को लेकर भगवान् की भक्ति करनेवाला व्यक्ति असल में उस इच्छित वस्तु का ही भक्त होता है, क्योंकि वह वस्तु के लिए ही भगवान् की भक्ति करता है, न कि भगवान् के लिए।
- सांसारिक चतुराई वास्तव में चतुराई नहीं है, क्योंकि उससे अंतःकरण में जड़ पदार्थों का आदर बढ़ता है, जो मनुष्य के पतन का कारण होता है।
- शरीर का मान-अपमान होने पर भी अंतःकरण में कोई विकार पैदा नहीं होता, यह समता में स्थित भक्त की पहचान है।
- मनुष्य में संपूर्ण प्राणियों के प्रति करुणा का भाव पूर्ण रूप से भले ही न हो, पर उसमें किसी प्राणी के प्रति अकरुणा (निर्दयता) का भाव बिल्कुल नहीं रहना चाहिए।

□

अध्याय-13

क्षेत्र-क्षेत्रज्ञ कौन है?

इस अध्याय में 34 श्लोक हैं। इस में शरीर और जीव के कार्य, क्रियाओं और व्यवहार के बारे में विस्तार से बताया गया है। शरीर को यहाँ 'क्षेत्र' कहा गया है और जीव यानी आत्मा को 'क्षेत्रज्ञ'। बताया गया है कि शरीर और आत्मा दोनों अलग-अलग हैं। इनके गुण-धर्म, स्वभाव अलग हैं, जो मनुष्य इनके बारे में सूक्ष्म दृष्टि से जान-समझ जाता है, उस क्षेत्रज्ञ या जीवात्मा का परमात्मा से मिलन हो जाता है। ज्ञानी जन इस संसार को खेत कहते हैं। जैसे खेत में बीज डालने से फसल होती है, वैसे ही कर्म रूपी बीज से फल की फसल होती है। जीवात्मा जैसे बीज अच्छे-बुरे, पाप-पुण्य रूपी कर्म करके बोता है, वैसा ही फल जन्म-जन्मांतर में प्राप्त कर रहा है।

यह शरीर रूपी क्षेत्र चौबीस तत्त्वों से बना है। ये हैं—पृथ्वी, जल, अग्नि, वायु और आकाश, मन, बुद्धि एवं अहंकार, दस इंद्रियाँ, स्पर्श, रूप, रस, गंध और मूल प्रकृति। इस क्षेत्र में ईर्ष्या-द्वेष, सुख-दुःख आदि अनेक दोष पाए जाते हैं। शरीर का जन्मना, मरना तथा पल-पल परिवर्तन होना भी विकास कहलाता है। इन विकारों से सोच को शुद्ध करना आवश्यक होता है। बुढ़ापे और रोगों से दुःख के कारण मन में

क्षेत्रज्ञं चापि मां विद्धि सर्वक्षेत्रेषु भारत।
क्षेत्रक्षेत्रज्ञयोर्ज्ञानं यत्तज्ज्ञानं मतं मम॥

हे अर्जुन! संपूर्ण क्षेत्रों में क्षेत्रज्ञ, यानी जीवात्मा तू मुझे ही समझ और क्षेत्र-क्षेत्रज्ञ का जो ज्ञान है, वही मेरे मत में ज्ञान है।

विरक्ति भाव आता है। मन को काबू में करके लगाव और अहंकार से बचाना, नाते-रिश्तों के मोह में न फँसना, दुःख और हानि में भी दुःखी न होना। सुख और लाभ के समय भी दिखावा और घमंड न करना, यही ईश्वर-प्राप्ति का मार्ग है। केवल भगवान् से ही माँगना और उन्हीं को अर्पित करना, उन्हीं का भजन-कीर्तन करना, सांसारिक लगावों से दूर रहना ही शुद्ध होने के उपाय हैं।

ज्ञान है शास्त्रों का पठन-पाठन, भजन-कीर्तन और सत्संग में लगे रहना तथा सांसारिक कार्यों तथा स्वार्थ में लगे रहना ही अज्ञान है। सबके जानने योग्य तत्त्व केवल परब्रह्म है। वह सदा रहनेवाला है तथा नाशहीन है। वह परमात्मा अनेक हाथ-पैरों और कानों तथा मुखोंवाला है। समस्त जगत् की रचना करके वह इसी में समाया हुआ है। इसकी इंद्रियाँ दिखाई नहीं पड़तीं, परंतु फिर भी सभी काम करते, देखते, सुनते हैं। किसी में लगाव न होते हुए भी वे सबका पालन-पोषण करते हैं।

परमात्मा को प्राप्त करने की प्रबल इच्छा हो तो ध्यान, योग, ज्ञान, वैराग्य तथा निष्काम कर्मयोग के कई उपाय हैं। जो संत-महात्माओं द्वारा केवल कथा-सत्संग सुनते हैं, वे भी मुक्त हो जाते हैं। हर शरीर पैदा होने के बाद बढ़ता है और फिर क्षरण (पतन) होता रहता है। परमात्मा का कभी क्षरण नहीं होता। इस सत्य को जानकर जो परमात्मा को अक्षर, शाश्वत और सर्वव्यापक भाव से देखता है, वही उसे प्राप्त कर सकता है।

ईश्वर और आत्मा अकर्ता है। प्रकृति स्वयं ही कर्म करती है। जो जीव स्वयं को अकर्ता मानकर सामने आए कर्तव्य को फल की इच्छा के बिना करता है, वह परमेश्वर को प्राप्त कर लेता है।

मुख्य शिक्षाएँ–

- शरीर का निर्माण पृथ्वी, जल, तेज (अग्नि), वायु और आकाश, इन पाँच तत्त्वों से मिलकर हुआ है। इन्हें 'पंच तत्त्व' कहते हैं।
- दिखनेवाले शरीर को स्थूल शरीर कहते हैं। इसका दूसरा नाम 'अन्नमयकोश' भी है, क्योंकि यह अन्न से ही विकसित और जीवित रहता है।
- न दिखनेवाले शरीर को सूक्ष्म शरीर कहते हैं। इसका निर्माण पाँच ज्ञानेंद्रियों, पाँच कर्मेंद्रियों, पाँच प्राण, मन और बुद्धि, इन सत्रह तत्त्वों से होता है।
- जाग्रत् अवस्था में स्थूल शरीर की प्रधानता होती है और नींद की अवस्था में सूक्ष्म शरीर की।
- शरीर हर क्षण बदलता है। एक क्षण के पहलेवाला शरीर हम फिर कभी नहीं देख सकते।
- इच्छा और अहंकार में जब बाधा खड़ी हो जाती है तो क्रोध पैदा होता है। अंत:करण में इस क्रोध का जो सूक्ष्म रूप रहता है, उसे 'द्वेष' कहते हैं।
- प्राणशक्ति का नाम चेतना है। यह चेतना भी परिवर्तनशील है। सात्त्विक वृत्ति आने पर चेतना शांत रहती है और चिंता, शोक, भय, आतुरता आदि होने पर चेतना या प्राणशक्ति अशांत हो जाती है। यह प्राणशक्ति निरंतर नष्ट होती रहती है, अत: यह भी विकार रूप है।
- शरीर में मौजूद धारणा शक्ति का नाम 'धृति' है। यह भी बदलती रहती है। मुसीबत आने पर व्यक्ति धृति को छोड़कर अधीर हो जाता है। अत: इसे भी विकार रूप कहा गया है।
- हिंसा तीन प्रकार की होती है—स्वयं हिंसा करना, किसी से

हिंसा कराना और हिंसा का समर्थन करना। किसी भी प्रकार की हिंसा न करना अहिंसा है।

- गुरु की सेवा करना शिष्य का कर्तव्य है। अगर शिष्य अपने कर्तव्य का पालन न करे तो उसका नाम तो शिष्य रहेगा, पर उसमें शिष्यत्व नहीं रहेगा।
- गुरु का कर्तव्य है शिष्य का कल्याण करना। जब तब गुरु शिष्य से कुछ भी—धन, मान, बड़ाई, चाहता है, तब तक उसमें गुरुत्व न रहकर शिष्य की दासता रहती है।
- बाहरी शरीर और भीतरी शरीर (मन) की शुद्धि का नाम 'शौच' है। जल, मिट्टी, साबुन आदि से बाहरी शरीर की शुद्धि होती है तथा दया, क्षमा, उदारता आदि गुणों से भीतरी शरीर, यानी मन की शुद्धि होती है।
- जिनके साथ अपना घनिष्ठ संबंध रखें, उनकी सेवा करें, उन्हें सुख पहुँचाएँ, पर उनसे सुख लेने का उद्देश्य न रखें।
- एकांत जंगल में जाकर, अकेले रहते हुए यह मान लेना कि मैं 'एकांत स्थान' में हूँ, वास्तव में भूल ही है, क्योंकि सारे संसार का बीज यह शरीर तो साथ ही होता है। वास्तव में जब तक शरीर होने का अहंकार नष्ट नहीं होता, सारे संसार से संबंध बना ही रहता है, चाहे कितने एकांत स्थान पर चले जाएँ।
- भगवान् के हर जगह सिर, मुँह, नेत्र, हाथ, पैर और कान हैं। उनका दर्शन कहीं भी किया जा सकता है।
- भगवान् सबसे प्रेम और अपनापन रखते हैं, लेकिन किसी से मोह नहीं रखते।
- जो उत्पन्न होता है, वह 'कार्य' कहलाता है और जिसके द्वारा कार्य की सिद्धि होती है, वह 'करण' कहलाता है, अर्थात् क्रिया

करने के जितने उपकरण हैं, वे सब 'करण' कहलाते हैं।

- करण तीन प्रकार के होते हैं—कर्मेंद्रियाँ, ज्ञानेंद्रियाँ और मन, बुद्धि एवं अहंकार। कर्मेंद्रिया स्थूल हैं, ज्ञानेंद्रिया सूक्ष्म हैं और मन, बुद्धि एवं अहंकार अत्यंत सूक्ष्म हैं।
- जिन योनियों में बहुत सा सुख प्राप्त होता है, उन्हें 'सत् योनि' तथा जिनमें बहुत सा दुःख प्राप्त होता है, उन्हें 'असत् योनि' कहते हैं। गुणों के आधार पर ही प्राणी को सत् या असत् योनि प्राप्त होती है।
- महापुरुषों की कभी निंदा न करें। यह अवनति का कारण बनता है।
- सूक्ष्म से सूक्ष्मतम और विशाल से विशालतम सभी प्राणियों में परमात्मा समान रूप से स्थित हैं। परमात्मा किसी में छोटे-बड़े या कम-ज्यादा नहीं हैं।
- घर के अँधेरे को मिटाने के लिए तो प्रकाश को लाना पड़ता है, लेकिन ईश्वर को कहीं से लाना नहीं पड़ता। वे तो शाश्वत्, सदैव हर स्थान पर मौजूद हैं।

□

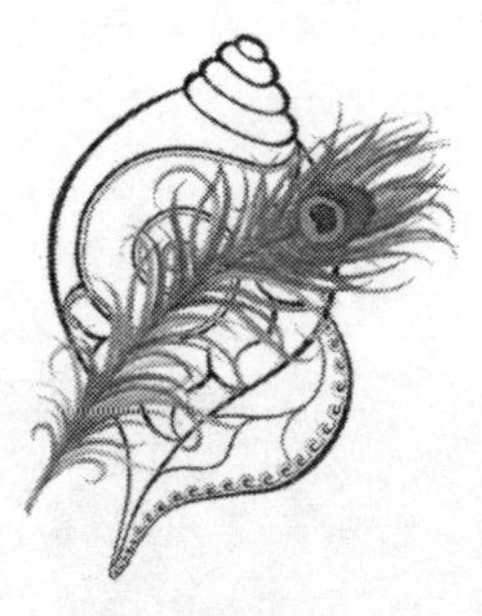

अध्याय-14

तीन गुणों से बनी हुई सृष्टि

27 श्लोकों से गुँथे इस अध्याय में सत्त्व, रज और तम, इन तीन गुणों का व्याख्यात्मक वर्णन किया गया है। ये तीनों गुण प्रत्येक व्यक्ति में कम या अधिक मात्रा में अवश्य पाए जाते हैं। ये तीनों गुण ही व्यक्ति के व्यक्तित्व के चारित्रिक गुणों को दरशाते हैं, समाज में उसके व्यावहारिक प्रभाव का नियंत्रण करते हैं। अपने इन गुणों को उभारकर या दबाकर कोई भी व्यक्ति न केवल सफल हो सकता है, ईश्वर की कृपा प्राप्त कर अपने मनुष्य जीवन का उद्देश्य सार्थक कर सकता है।

भगवान् कहते हैं कि मूल प्रकृति से ही सब प्राणियों का जन्म होता है। मैं जीवात्मा रूपी बीज के रूप में प्रकृति के गर्भ से शरीरों को जन्म देता हूँ। लाखों योनियों में उत्पन्न प्राणियों की जननी तथा मैं ही सब का जनक (पिता) हूँ। जीवात्मा को पैदा होते ही मूल प्रकृति के तीन गुण (सत, रज, तम) घेर लेते हैं। सत्त्व गुण व्यक्ति में सुख और ज्ञान की इच्छा जगाता है। रजोगुण राग, मोह और आसक्ति उत्पन्न करता है। जीवात्मा को कर्म और फल की इच्छाओं में बाँध देता है। तीसरा गुण तमो गुण है, यह भ्रम, छल, प्रपंच और अभिमान जाग्रत् करता है। क्रोध का भी कारण तमोगुण ही होता है। तमोगुण मनुष्य को दुर्गुणों के भँवर

सत्त्वं रजस्तम इति गुणाः प्रकृतिसम्भवाः।
निबध्नन्ति महाबाहो देहे देहिनमव्ययम्॥

हे महाबाहो! प्रकृति से उत्पन्न सत्त्व, रज और तम—ये तीनों गुण अविनाशी जीवात्मा को देह (शरीर) में बाँध देते हैं।

में फँसा देता है। संक्षेप में सतोगुण निर्मलता, उदारता को बढ़ाता है। रजोगुण काम, लोभ तथा संग्रह की वृत्ति बढ़ाता है तथा तमोगुण दोनों गुणों पर हावी होकर दुर्गुण बढ़ाता है।

जिन लोगों के जीवन में सतोगुण की अधिकता होती है, वे स्वर्गादि दिव्य लोकों में स्थान पाते हैं। रजोगुण प्रधान जन पुनः धरती पर जन्म लेते हैं। इसी प्रकार तमोगुणी जन नरक भोगते हैं तथा कीट-पतंगों की योनियों में जन्म लेते हैं। जो व्यक्ति विवेकपूर्वक तीनों गुणों में नहीं फँसता, वह जन्म-मृत्यु के दुःख को पार करके परमानंद को प्राप्त करता है।

मुख्य शिक्षाएँ–

- प्राणी चार तरह से जन्म लेते हैं—गर्भ से जन्म लेनेवाले (मनुष्य व पशु आदि), अंड से जन्म लेनेवाले (पक्षी, सर्प आदि), स्वेद या पसीने से पैदा होनेवाले (जूँ, लीख इत्यादि) तथा उद्‌भिज या पृथ्वी को फोड़कर उत्पन्न होनेवाले (वृक्ष, लता आदि)। इन्हें क्रमशः जरायुज, अंडज, स्वेदज, उद्‌भिज कहते हैं।
- सत्त्व, रज और तम नामक तीनों गुण प्रकृति से ही पैदा होते हैं और शरीर में स्थित जीव (आत्मा) को नाशवान शरीर से बाँध देते हैं। इससे यह भाव पैदा होता है, 'मैं शरीर हूँ और शरीर मेरा है।'
- तीनों गुणों में सत्त्व गुण सबसे निर्मल और स्वच्छ होने के कारण व्यक्तित्व को प्रकाशित करनेवाला है। सत्त्वगुण की वृद्धि होने से व्यक्ति परमार्थी और परमात्मा में एकाग्र रहनेवाला होता है।
- सत्त्वगुण के दो भेद होते हैं—शुद्ध सत्त्व एवं मलिन सत्त्व। शुद्ध सत्त्व में मनुष्य भोग पदार्थों से दूर रहकर शुद्ध मन से अपने सारे कार्यों को भगवान् को अर्पित करता है। मलिन सत्त्ववाला व्यक्ति स्वयं को भोग्य पदार्थों में फँसाकर ईश्वर से दूर कर लेता है।

- रजोगुण व्यक्ति को सांसारिक भोगों में उलझाए रखता है, इसलिए इसे परमात्मा प्राप्ति के मार्ग में बाधक कहा गया है।
- तमोगुण सबसे नीच गुण है। यह अज्ञान और मूर्खता से पैदा होता है। यह सत्-असत्, कर्तव्य-अकर्तव्य के ज्ञान से व्यक्ति को भटका देता है।
- सत्त्वगुण से अंतःकरण (मन) और ज्ञानेंद्रियाँ, रजोगुण से प्राण और कर्मेंद्रियाँ तथा तमोगुण से स्थूल पदार्थ, शरीर आदि का निर्माण होता है।
- खाली बैठे रहना, सोते रहना, जरूरी काम न करना, काम को टालते रहना, इस प्रकार का आलस्य मनुष्य को अकर्मण्य बना देता है।
- तमोगुण मनुष्य को अकर्मण्यता, आलस्य और निद्रा के साथ बाँध देता है और उसकी आध्यात्मिक एवं सांसारिक उन्नति को रोक देता है।
- तमोगुण सत्-असत्, कर्तव्य-अकर्तव्य, हित-अहित के ज्ञान, विवेकशीलता को अज्ञान के अँधेरे से ढँक देता है। तम का अर्थ ही है—अंधकार।
- रजोगुण मनुष्य को कर्म में लगाए रखता है। वह दिन-रात कार्य करते हुए सांसारिक व्यवहार में अपने को व्यस्त रखता है।
- लोभ, नए-नए कार्यों का आरंभ, अशांति, सांसारिक भोग, कामना, ये सब रजोगुण के स्वभाव हैं।
- आलस्य, अनावश्यक निद्रा, मूर्खता, भ्रम, ये सब तमोगुण के स्वभाव हैं।
- ज्ञान, प्रकाश, वैराग्य, उदारता, करुणा, परोपकारिता, ये सब सतोगुण के स्वभाव हैं।

- रजोगुण और तमोगुण को दबाकर सत्त्वगुण बढ़ाया जा सकता है।
- सत्त्वगुण और तमोगुण की विशेषताओं को दबाकर रजोगुण को भड़काया जा सकता है।
- सत्त्वगुण और रजोगुण का दमन कर तमोगुण को उभारा जा सकता है।
- सत्त्वगुण की बढ़ोतरी से सत्-असत्, कर्तव्य-अकर्तव्य, लाभ-हानि, हित-अहित इत्यादि बातों को समझने का विवेक जाग्रत् हो जाता है।
- जीवनयापन की आवश्यक चीजें पास होने पर भी उनको अधिक बढ़ाने का नाम 'लोभ' है।
- तरह-तरह की कामनाएँ मन में अशांति उत्पन्न करती हैं।
- सत्त्व, रज और तम, ये तीनों ही गुण स्वाभाविक रूप से कम-ज्यादा या नष्ट होते रहते हैं। ये किसी भी समय कम-ज्यादा, ऊपर-नीचे हो सकते हैं। इनके प्रभाव को मनुष्य पर प्रत्यक्ष देखा जा सकता है।
- सत्त्वगुण का स्वरूप निर्मल, स्वच्छ और विकाररहित है, अतः ऐसे गुणवाला मनुष्य जो भी काम करेगा, वह सात्त्विक ही होगा और इसका फल भी उसे निर्मल और स्वच्छ ही मिलेगा।
- रजोगुण का स्वरूप संसार से बाँधनेवाला है, अतः ऐसे गुणवाला व्यक्ति सुख-भोग और सांसारिक मोह में बँधे रहने के कारण जीवन-मृत्यु के चक्र में फँसा रहता है।
- तमोगुण का स्वरूप मोहवाला, हिंसक और हानिकारक है, अतः ऐसा व्यक्ति अपना जीवन मूर्खतापूर्ण कार्यों में बिता देता है और अपने कर्म के अनुसार पशु, पक्षी, कीट, पतंग आदि गूढ़ योनियों में जीवन-मृत्यु पाता रहता है।

- शास्त्र, खान-पान, संग-साथ, स्थान, समय, कर्म, जन्म, ध्यान, मंत्र और संस्कार, ये दस वस्तुएँ यदि सात्त्विक हों तो सत्त्वगुण की, राजसी हों तो रजोगुण की और तामसी हों तो तमोगुण की वृद्धि करती हैं।
- मनुष्य में सत्त्व, रज और तम गुणों की अधिकता के बावजूद अधिक, मध्यम और अल्प मात्रा में प्रत्येक गुण मौजूद रहता है। इन गुणों में तात्कालिक कमी या वृद्धि से मनुष्य का स्वभाव हर क्षण बदलता रहता है। जिस गुण की अधिकता होती है, व्यक्ति वैसा ही तात्कालिक व्यवहार करता है।
- मनुष्य जब भगवान् की भक्ति में लीन होकर इन तीनों गुणों का अतिक्रमण कर जाता है तो वह जीवन-मृत्यु, जन्म-पुनर्जन्म और बुढ़ापे के दुःख से मुक्त हो जाता है।
- जो मनुष्य सत्त्व, रज और तम, तीनों गुणों पर नियंत्रण कर लेते हैं, वे न तो अपनी निंदा और न स्तुति से खिन्न या प्रसन्न होते हैं।

□

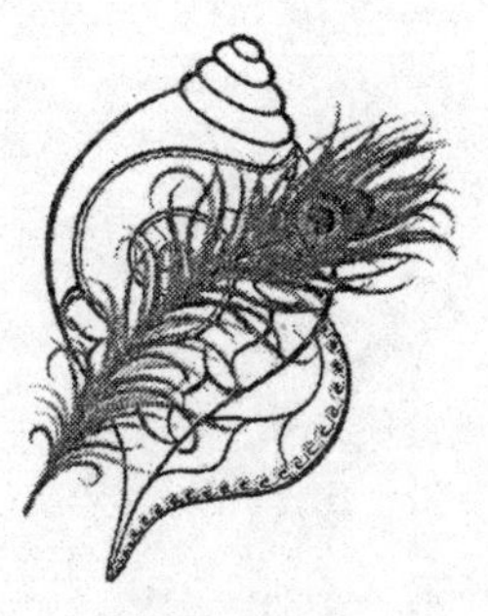

अध्याय-15

श्रीकृष्ण भगवान् ही पुरुषोत्तम हैं

20 श्लोकवाले इस अध्याय में अपरा, परा और ईश्वर का विस्तार से वर्णन किया गया है। अपरा का अर्थ है—यह संसार या प्रकृति, जो पृथ्वी, अग्नि, वायु, आकाश, जल, मन, बुद्धि तथा अहंकार, इन आठ अवयवों से मिलकर बनी है। परा का अर्थ है—पृथ्वी पर पाए जानेवाले सभी जीव इसमें शामिल हैं। 'परा' और 'अपरा' को ईश्वर का स्वभाव या प्रकृति कहा गया है। अपरा को क्षर या नष्ट होनेवाला, परा को अक्षर या नष्ट न होनेवाला तथा ईश्वर को पुरुषोत्तम भी कहा गया है।

श्रीकृष्ण ने अर्जुन को समझाते हुए कहते हैं, 'संसार रूपी पीपल के वृक्ष को जो समझता है, वह सच्चा ज्ञानी होता है। सत, रज और तम तीनों गुणों की खाद से संसार रूपी वृक्ष की शाखाएँ बढ़ती हैं। पीपल की तरह ये फैलकर मोह-आसक्ति में बाँधती रहती हैं।

'हे अर्जुन! यह संसार जैसा दीखता है, वैसा है नहीं। सुख जैसा दिखाई पड़ता है, वह क्षणिक है। संसार के आदि-अंत का भी किसी को ज्ञान नहीं है। ऐसे संसार में निरुद्देश्य बार-बार क्यों जन्म लिया जाए? उस वृक्ष को पार करके जो एक बार परमेश्वर को पा लेता है, वह दुबारा लौटकर नहीं आता। आने की इच्छा ही नहीं होती। जो संत जन श्रद्धा

ऊर्ध्वमूलमधः शाखमश्वत्थं प्राहुरव्ययम्।
छन्दांसि यस्य पर्णानि यस्तं वेद स वेदवित्॥

परमेश्वर रूप मूलवाले तथा ब्रह्मारूप शाखावाले संसार रूप पीपल वृक्ष को अविनाशी कहते हैं और वेद जिसके पत्ते हैं, उस संसार-वृक्ष को जो जानता है, वह संपूर्ण वेदों को जाननेवाला है।

भाव से हरि का चिंतन करते हैं और परमात्मा की शरणागत हो जाते हैं, वे ईश्वर में ही लीन हो जाते हैं तथा फिर लौटकर नहीं आते। मेरे उस लोक को ही परम धाम कहते हैं। वहाँ पहुँचनेवाले को पुनः जन्म नहीं लेना पड़ता।

'हे पार्थ! हर जीवात्मा मेरा ही अंश है, अमर और सनातन (सदा रहनेवाला) है। मन तथा इंद्रियों की संगति में फँसकर वह मुझ परमात्मा को भूल जाता है। भोगों में फँसे होने के कारण ही अज्ञानी जन बार-बार जनमते-मरते हैं। सच्चे संत ही ज्ञान और भक्ति से इस संसार से पार हो पाते हैं। हे धनंजय! सूर्य मेरे दिए तेज से ही लोकों को प्रकाशित कर रहा है। अग्नि की गरमी तथा चंद्रमा की शीतलता भी मेरे कारण ही है। मेरे बल से ही पृथ्वी सभी जड़-चेतन प्राणियों का भार सँभालती है। प्राणवायु तथा अपान वायु मेरी शक्ति से ही सभी शरीरों में भोजन को पचाती है। चार प्रकार के भोजन हैं, भोज्य, पेय, चौष्य तथा लेह। भोज्य—जो अन्न भोजन दाँतों से चबाकर खाया जाता है। पेय—जो शरबत, दूध, दही आदि बिना चबाए ग्रहण करें। चौष्य—आम, संतरे आदि चूसकर खाए जाते हैं। लेह—शहद, चटनी जैसे पदार्थ, जो चाटकर खाए जाते हैं। इन सबको पचानेवाली अग्नि मैं ही दीप्त करता हूँ। हे अर्जुन! मैं सब जीवों में रहता हूँ। ज्ञान और स्मृति का दाता मैं ही हूँ। वेद मुझसे ही प्रकट हुए हैं। मेरे सिवाय वेदों का पूर्णज्ञान भी किसी और को नहीं है।

'हे अर्जुन! इस जगत् में दो प्रकार के प्राणी हैं—क्षर और अक्षर। सभी जीवधारियों का शरीर क्षर अर्थात् नाशवान है, परंतु सभी में आत्मा अक्षर या शाश्वत है। आत्मा अविनाशी इसीलिए है, क्योंकि वह मुझ अविनाशी का ही अंश है। इसीलिए सब वेद और शास्त्र मुझे 'पुरुषोत्तम' कहते हैं।

'हे भरतवंशी! जो ज्ञानी जन मेरे वास्तविक स्वरूप को जान लेते हैं, वही मुझे पुरुषोत्तम भी समझते हैं। ऐसे सच्चे भक्त सदा मेरी शरण में रहते हैं। वे सदा मेरा ही चिंतन किया करते हैं तथा मुझे कभी नहीं भूलते।

'हे निष्पाप धनंजय! मैंने तुम्हें यह गोपनीय ज्ञान प्रदान किया है। इसको जीवन में उतारने से तुम्हें परम धाम मिलेगा। इस पुरुषोत्तम रूप को जानने से तुम ज्ञान तथा कर्म दोनों का सार जान पाओगे। मेरे पुरुषोत्तम रूप का ज्ञान ही तुम्हारा कल्याण कर देगा।'

मुख्य शिक्षाएँ–

- संसार एक वृक्ष के समान है और इसकी जड़ें ऊपर की ओर हैं।
- संसाररूपी वृक्ष में सबसे पहले ब्रह्माजी का उदय हुआ।
- संसाररूपी वृक्ष की मुख्य शाखा या तना ब्रह्माजी को बताया गया है।
- पीपल के वृक्ष को भगवान् श्रीकृष्ण ने अपना ही रूप कहा है। इसकी पूजा ईश्वर पूजा के तुल्य कही गई है।
- संसार-चक्र तेजी से चलता और परिवर्तनीय है, लेकिन इसका कभी अंत नहीं आता।
- ब्रह्माजी से संपूर्ण देव, मनुष्य, पशु, पक्षी आदि योनिवाले जीवों की उत्पत्ति हुई है।
- ब्रह्मलोक से पाताल लोक तक, जितने भी लोक तथा उसमें रहनेवाले जीव, देव, मनुष्य, कीट पतंगे, ये सभी संसाररूपी वृक्ष की शाखाएँ हैं।
- गुणों के अच्छे-बुरे संग के कारण ही जीव ऊँची, मध्यम और निम्न योनियों में जन्म लेते हैं।

- मनुष्य के अलावा अन्य जितनी भी योनियाँ हैं, उनमें जन्म लेकर उन पाप-पुण्यों को भोगता है, जो उसने मनुष्य की योनि में रहकर किए थे। केवल मनुष्य योनि में ही जीव अच्छे कार्य करके पापों से मुक्ति पा सकता है।
- संसार से जुड़ाव रखकर और इसके भोगों में लगे रहकर इसके (संसार) आरंभ और अंत को नहीं जाना जा सकता।
- संसार से लगाव हटाने का सबसे सरल उपाय है, संसार से प्राप्त संपूर्ण सामग्री—मन, बुद्धि, इंद्रियाँ, शरीर, धन, संपत्ति, मान, अपमान इत्यादि सभी को 'अपनी' और 'अपने लिए नहीं' मानते हुए संसार की सेवा में लगा देना।
- संसार को अपना मानने से शरीर में जीव रूप में बसा परमात्मा दूर हो जाता है और कभी प्राप्त न हो सकनेवाला संसार दीखने लगता है।
- भगवान् में आकर्षण होना 'प्रेम' है और संसार में आकर्षण होना 'आसक्ति' (लिप्तता)।
- याद रखें कि चाहे जितने भोग पदार्थ, धन-संपदा मिल जाए, कामनाओं की पूर्ति कभी नहीं हो सकती। एक के बाद दूसरी कामना मनुष्य को उलझाए रखती है।
- हमारा शरीर निरंतर बदलता है, लेकिन आत्मा जो बचपन में होता है, वही रहता है। आत्मा के स्तर में कोई परिवर्तन नहीं होता। इससे सिद्ध होता है कि आत्मा अक्षर यानी नष्ट न होनेवाला, अपरिवर्तनीय है।
- शरीर को अपना मानना भूल है, क्योंकि शरीर प्रकृति का अंश है।
- सूर्य, चंद्रमा और अग्नि क्रमशः नेत्र, मन और वाणी के स्वामी एवं उनको तेजस्वी करनेवाले हैं।

- मनुष्य अपने भावों को प्रकट करने और समझने के लिए नेत्र, मन और वाणी, इन तीनों इंद्रियों का ही उपयोग करता है। ये तीनों इंद्रियाँ सबसे ज्यादा प्रकाशित या ज्ञानदायी इंद्रियाँ हैं।
- शरीर का पूरा संचालन वायु द्वारा होता है। प्राण, अपान, समान, उदान और व्यान—ये पाँच प्रधान वायु तथा नाग, कूर्म, कृकर, देवदत्त और धनंजय, ये पाँच उप-प्रधान वायु शरीर में वास करती हैं। इनमें भी प्राण और अपान वायु सर्वश्रेष्ठ हैं, क्योंकि ये पचे हुए भोजन के सूक्ष्म अंश या रस को शरीर के प्रत्येक अंग तक पहुँचाती हैं।
- प्राणी चार प्रकार के अन्न का सेवन करता है—
  1. **भोज्य :** चबाकर खाया जानेवाला; जैसे—रोटी, पूड़ी, पकौड़ी इत्यादि।
  2. **पेय :** निगलकर खाया जानेवाला; जैसे—दूध, रस, हलवा, खिचड़ी इत्यादि।
  3. **चोष्य :** दाँतों से दबाकर-चूसकर खाया जानेवाला; जैसे—गन्ना, आम आदि।
  4. **लेह्य :** चाटकर खाया जाने वाला; जैसे—चटनी, शहद आदि।
- प्राणवायु का निवास-स्थान हृदय है। इसके कार्य हैं—श्वास को बाहर निकालना, खाए हुए भोजन को पचाना।
- अपानवायु का निवास स्थान गुदा है। इसके कार्य हैं—श्वास को भीतर लेना, मल-मूत्र को बाहर निकालना, गर्भ को बाहर निकालना इत्यादि।
- समान वायु का निवास स्थान नाभि है। इसका मुख्य कार्य है—पचे हुए भोजन के रस को सब अंगों में बाँटना।

- उदान वायु का निवास स्थान कंठ है। जब भोजन करते हैं, तब उसके गाढ़े भाग और जल भाग को यह अलग-अलग करता है। सूक्ष्म शरीर को स्थूल शरीर से बाहर निकालना तथा उसे दूसरे शरीर या लोक में ले जाना भी इसी का कार्य है।
- व्यानवायु का निवास स्थान पूरा शरीर है। इसका मुख्य कार्य शरीर तथा उसके अंगों को फैलाना या सिकोड़ना है।
- नाग वायु का कार्य डकार लेना है।
- कूर्म वायु का कार्य नेत्रों को खोलना-बंद करना है।
- कृकर वायु का कार्य छींकना है।
- देवदत्त वायु का कार्य जम्हाई लेना है।
- धनंजय वायु मृत्यु के बाद भी शरीर में रहती है, जिससे शरीर फूल जाता है।
- सभी प्राणी, पदार्थ परमात्मा की शक्ति से ही शक्तिवान हो रहे हैं। परमात्मा से अलग किसी की भी स्वतंत्र शक्ति नहीं है।
- जीवात्मा के निकलते ही शरीर की गतिविधियाँ समाप्त हो जाती हैं और वह सड़ने लगता है। लोग उस शरीर का अंतिम संस्कार कर देते हैं।
- जीवात्मा चाहे जितने शरीर धारण करें, चाहे जितने लोकों में जाए, उसमें कोई विकार उत्पन्न नहीं होता, वह सदा ज्यों-का-त्यों रहता है।
- परमात्मा प्रकृति को अपने अधीन करके लोक में आते हैं, अवतार लेते हैं, जबकि जीवात्मा प्रकृति के वश में होकर लोक में आता है।
- परमात्मा सदैव निर्लिप्त (अनासक्त) रहते हैं, जबकि जीवात्मा को निर्लिप्त रहने के लिए श्रम करना पड़ता है।

- भगवान् को जाननेवाला व्यक्ति कितना ही कम पढ़ा-लिखा क्यों न हो, वह सबकुछ जाननेवाला है; क्योंकि उसने जानने योग्य तत्त्व को जान लिया। उसको और कुछ भी जानना शेष नहीं है।

□

अध्याय-16

दैवी और दानवी संपत्ति का विभाजन

इस अध्याय में 24 श्लोक हैं। भय क्यों होता है? अहिंसा क्यों आवश्यक है? सत्य भाषण का प्रभाव, क्रोध का त्याग, संसार की कामना का त्याग, मन की शुद्धि, इस अध्याय में ऐसे ही विषयों का वर्णन किया गया है। मनुष्य के कल्याण के लिए किन गुणों का होना आवश्यक है? दुर्बुद्धि से होनेवाली हानियाँ इत्यादि विषयों का स्पष्टीकरण किया गया है। मनुष्य गलत कार्य से जो संपत्ति इकट्ठी करता है, उससे उसके जीवन की शांति छिन जाती है और इसके प्रायश्चित्त के लिए उसे नीच योनियों में जन्म लेना पड़ता है।

शुद्ध अंतःकरण (मन) से ज्ञान पाने की इच्छा, दान, निर्भयता, योग सीखने तथा अभ्यास करने को तत्पर, यज्ञ, स्वाध्याय और कर्तव्य पालन के लिए हर प्रकार के दुःख सहने की क्षमता, सरलता, झूठ तथा क्रोध से बचना, राग-द्वेष का त्याग, निंदा करने से बचना, लोभ से बचना, तेरा-मेरा के भाव से दूर रहना, कोमलता, चंचलता छोड़ लज्जाशील और सरलता का स्वभाव, तेज और शक्ति होते हुए भी विनय और क्षमशील होना, मान-सम्मान के लिए पाखंड न करना, ऐसे सभी लक्षण जिनमें हों, उनके पास दैवी संपत्ति है, ऐसा मानना चाहिए। इसके विपरीत,

अहिंसा सत्यमक्रोधस्त्यागः शान्तिरपैशुनम्।
दया भूतेष्वलोलुप्त्वं मार्दवं ह्रीरचापलम्॥

अहिंसा, सत्यभाषण, क्रोध न करना, संसार की कामना का त्याग, अंतःकरण में राग-द्वेषजनित हलचल का न होना, चुगली न करना, प्राणियों पर दया करना, सांसारिक विषयों में न ललचाना, अंतःकरण की कोमलता, अकर्तव्य करने में लज्जा, चपलता का अभाव दैवी गुण संपदा हैं।

जिनमें दया, क्रोध, कठोरता, अज्ञान, लोभ और वैर तथा मिथ्याभिमान हो, उन्हें दानवी (आसुरी) संपत्तिवाला समझना चाहिए। दैवी संपत्ति मोक्षदायिनी तथा आसुरी संपत्ति बंधन देनेवाली होती है।

आसुरी संपत्तिवाले शुद्धि का विचार नहीं करते। शारीरिक तथा मानसिक अशुद्धता उनकी आदत में ही होती है। बोल-चाल में झूठ का प्रयोग वे बिना विचारे करते रहते हैं। वे ईश्वर को संसार की उत्पत्ति का कारण नहीं मानते, बल्कि कामासक्ति से ही संसार जनमा है, ऐसा समझते हैं। ऐसे विवेकहीन, अज्ञानी एक-दूसरे की हानि की चेष्टा करते रहते हैं। अपनी भोग की इच्छाओं तथा नशे की आदतों को पूरा करने के लिए भ्रष्ट तथा नीच आचरण अपनाते हैं। सुख-संपत्ति की चाह में फँसकर वे मानव जीवन को व्यर्थ ही गँवा देते हैं। काम, क्रोध और अन्याय से अपनी भोग की इच्छाओं को पूरी करने में लगे रहते हैं। ऐसे आसुरी स्वभाव के प्राणी स्वयं को ही सबल और सक्षम मानते हैं। स्वयं को अमीर ही नहीं, जन-साधारण से ऊपर मानते हैं। अन्याय और अधर्म से कमाई संपत्ति में से दान देकर वे पाप-मुक्त होने का विश्वास करते हैं। ऐसे आसुरी वृत्ति के लोग भोगों में डूबे रहते हैं। मृत्यु के पश्चात् उन्हें नरक की यातनाओं में जलना पड़ता है।

धन, पद के अहंकार में चूर हुए ये लोग यज्ञ भी विधि-विधान से नहीं, अपने तरीके से करवाते हैं। अहंकार तथा अज्ञान में डूबे हुए ये लोग ईश्वर तथा ईश्वरीय विधान को भी अपना शत्रु मानते हैं। उन्हें मैं बार-बार आसुरी योनियों में ही उत्पन्न करता हूँ। वे अपने कुकर्मों के फलों से स्वयं को ही बाँध लेते हैं।

काम, क्रोध तथा लोभ तीनों नरक के द्वार हैं। जीवात्मा इनमें फँसकर बुरे कर्मों में लग जाता है। जितना भी हो सके, इन तीनों दुर्गुणों से बचना चाहिए। इन तीनों द्वारों से बचकर ही जीवात्मा अपना कल्याण कर

सकता है। वही इस संसार के बंधनों से मुक्त होकर भगवान् के चरणों में जाने योग्य बनता है।

मुख्य शिक्षाएँ–

- किसी बुरी घटना की आशंका से मनुष्य के मन में जो घबराहट होती है, उसे 'भय' कहते हैं और भय के पूर्णतः अभाव को 'अभय'।
- इंद्रियों को पूरी तरह वश में करने का नाम 'दम' है। इंद्रियों के समस्त कार्य शास्त्र अनुरूप होने चाहिए, इससे इंद्रियाँ निर्मल बनी रहती हैं।
- मनुष्य उठते-जागते, बैठे-चलते हर समय भगवान् के नाम को स्मरण में रखते हुए अपने सारे काम करे, यह 'स्वाध्याय' है। इससे मन शुद्ध रहता है।
- जो मनुष्य सांसारिक सीमित पदार्थों को निजी न होने पर भी निजी मानकर आनंदपूर्वक भोगता है, वह हिंसा करता है।
- दूसरों को दुःखी देखकर उनका दुःख दूर करने की भावना को दया कहते हैं।
- महापुरुषों का साथ पाकर उनके प्रभाव से प्रभावित होकर साधारण लोग भी बुराइयों का त्याग करके अच्छा व्यवहार करने लगते हैं।
- जीव के एक ओर भगवान् हैं और एक ओर संसार। जब वह भगवान् की ओर चलता है तो उसमें सद्बुद्धि आती है और जब वह संसार की ओर चलता है उसमें दुर्बुद्धि आती है। सद्बुद्धि में आस्तिक भाव रहता है और दुर्बुद्धि में नास्तिक भाव।
- विवेक शक्ति प्राणीमात्र में रहती है, परंतु पशु-पक्षी आदि योनियों में इसको विकसित करने का अवसर, स्थान और योग्यता नहीं है एवं मनुष्यों में उसको विकसित करने का अवसर, स्थान और योग्यता भी है।

- जब मनुष्यों की खाने-पीने आदि में विशेष वृत्ति रहती है, तब उनमें कर्तव्य-अकर्तव्य का ध्यान नहीं रहता। ऐसे मनुष्यों में पशुओं की तरह दुर्बुद्धि छिपी रहती है, सामने नहीं आती।
- लोभ लालच में डूबे मनुष्य का विवेक लुप्त हो जाता है। उसे उचित-अनुचित का ज्ञान नहीं होता। उसका पतन निश्चित है।
- जो व्यक्ति कहता है कि न कोई कर्तव्य है, न कोई अकर्तव्य, न दुराचार है, न सदाचार, न ईश्वर, न भाग्य, न पाप-पुण्य, न परलोक, न किए हुए कर्मों का कोई अच्छा-बुरा फल है, वह नास्तिक अर्थात् ईश्वर को न माननेवाला है।
- नास्तिक लोग ईश्वर, परलोक या मर्यादा से नहीं डरते। वे शासन, गलत लोगों और गलत प्रभाव से डरते हैं।
- कोई आदमी भगवान् का, कोई कर्तव्य का, कोई धर्म का, कोई स्वर्ग आदि का आश्रय लेता है, इसी तरह बुरे लोग कभी पूरी न होनेवाली कामनाओं का आश्रय लेते हैं।
- लोभ के फंदे में फँसे लोगों के पास लाखों-करोड़ों रुपए हो जाएँ तो भी उनकी माँगने की आदत खत्म नहीं होती।
- बुरे स्वभाव के व्यक्ति लोभ में पड़कर सारे कर्म करते हैं और अपने उद्योग से, बुद्धिमानी से, चतुराई से, चालाकी से ज्यादा-से-ज्यादा भोग सामग्री एकत्र करने के प्रयत्न में लगे रहते हैं।
- आसुरी या बुरे स्वभाववाले मनुष्य ऊपर से तो सुखी दिखाई देते हैं, लेकिन भीतर से दुःख व चिंताओं से घिरे रहते हैं। सुखी वास्तव में वही है, जिस पर सुख हो या दुःख, कोई उलटा प्रभाव नहीं पड़ता। जो हर स्थिति में सम रहे।
- जो लोग किसी के सामने नम्र नहीं होते, झुकते नहीं, किसी महापुरुष के सामने आने पर भी नमस्कार नहीं करते, किसी के

सामने मजबूरी में झुकना पड़े तो भी अभिमानपूर्वक झुकेंगे। ऐसे लोग स्वयं को सर्वश्रेष्ठ समझने की भूल में होते हैं और ऐंठ-अकड़ में रहकर आसुरी प्रकृति के बने रहते हैं।

- अच्छे लोग भगवान् पर निर्भर रहते हैं और बुरे लोग अहंकार, हठ, काम, क्रोध आदि के सहारे रहते हैं।
- भगवान् श्रीकृष्ण कहते हैं, मनमाने ढंग से जीवनयापन करनेवाले मनुष्य जीवन के अंत समय में घोर कष्ट भोगते हैं और निश्चित ही नरक में गिरते हैं।
- बुरे लोगों को कहीं भी गुण नहीं दीखता, वे सब ओर दोष-ही-दोष देखते हैं। वे स्वयं दुःखी रहते हैं और इसलिए दूसरों को भी दुःखी देखते हैं। उनके मन में यह बसा होता है कि सब अच्छाई हमारे में हैं। इसलिए संसार में कोई आदमी उन्हें अच्छा नहीं दीखता।
- बुरे लोगों की संगति नरक के कष्टों से भी बुरी है। नरक के कष्टों से तो मनुष्य के पाप नष्ट होते हैं और शुद्धि आती है, लेकिन बुरे लोगों के साथ से अशुद्धि आती है, पाप के ऐसे बीज रोपित होते हैं, जो आगे अनेक नीच योनियों (कुत्ता, बिल्ली, बंदर, कीट, पतंग इत्यादि) में धकेल देते हैं।
- धन की कामना, लोभ बढ़ने से मनुष्य के भीतर झूठ, छल, कपट आदि दोष बढ़ जाते हैं और किसी भी तरह अधिक-से-अधिक धन कमाने का लालच बढ़ जाता है। इसके लिए मनुष्य अनुचित रास्ते अपनाने लगता है। उसका लोभ बढ़ता है, क्रोध, क्रूरता बढ़ते हैं और स्वभाव राक्षस जैसा हो जाता है, वह किसी की हत्या भी कर दे तो बड़ी बात नहीं। ये सब कर्म मनुष्य को बड़ी बुराई और कष्टों में धकेलनेवाले हैं।

- कई मनुष्य तो ऐसे बुरे बन जाते हैं कि सज्जन लोग उनका नाम तक लेना पाप समझते हैं। जिनका नाम लेना, दर्शन करना, याद करना ही अपवित्र करनेवाला है, ऐसे क्रूर, निर्दयी, सबके बैरी मनुष्यों को ईश्वर उनके स्वभाव के अनुसार ही नीच योनियाँ देते हैं।
- नीच स्वभाववाले बुरे लोग बारंबार कुत्ते, साँप, बिच्छू, बाघ, सिंह, कीड़े, मकोड़े, गिद्ध, चील इत्यादि के रूप में जन्म ले-लेकर अपने कर्मों के पाप भोगते हैं।
- जो लोग भगवान् के दिखाए अच्छे मार्ग पर नहीं चलते, बुराई करने लग जाते हैं, उन्हें भी भगवान् पराया नहीं समझते, बल्कि उनकी पाप-मुक्ति के लिए ही उन्हें इस मनुष्य योनि में अच्छे कर्म करने की प्रेरणा देते हैं ताकि उन्हें नीच योनि में जन्म न लेना पड़े।
- भगवान् कहते हैं कि मनुष्य जन्म में मुझे प्राप्त करने का दुर्लभ अवसर पाकर भी यदि वे बुरे स्वभावाले मनुष्य मुझे प्राप्त करने का प्रयास न करके बुरे कर्म करते हैं तो उन्हें बार-बार पशु-पक्षी, जलचर आदि की नीच योनियों में जन्म लेना पड़ता है।
- काम, क्रोध, लोभ, मोह नरक के दरवाजे हैं, अच्छे आदमी को इनका त्याग कर देना चाहिए।

□

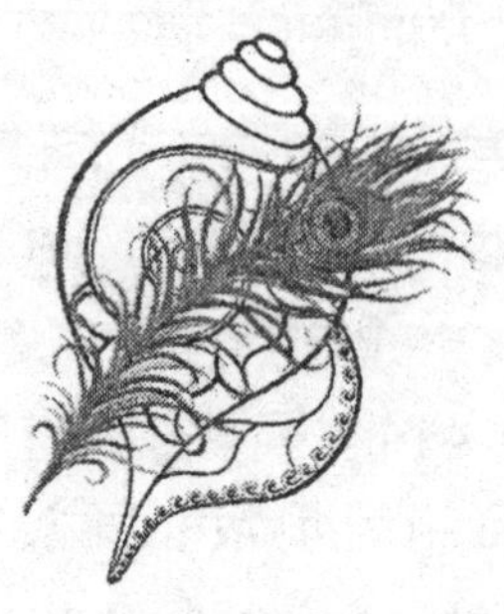

अध्याय-17

तीन प्रकार की श्रद्धा कौन सी है?

इस अध्याय में 28 श्लोक हैं। अध्याय में श्रद्धा, समर्पण, अर्पण की महत्ता बताई गई है। श्रद्धा के तीन प्रकार हैं—सात्त्विक, राजसी और तामसी। हरेक व्यक्ति में ये तीनों प्रकार की श्रद्धा मौजूद होती हैं। कभी ये बढ़ती हैं, कभी घटती हैं। जिस प्रकार की श्रद्धा अधिक होती है, व्यक्ति वैसा ही आचरण करता है। जो व्यक्ति राजसी और तामसी श्रद्धा का त्याग करके केवल सात्त्विक श्रद्धा का आश्रय ले लेता है, उसका मन ईश्वर से जुड़ जाता है और उसके आचरण में अच्छे विचार और अच्छे कामों को स्थायी तौर पर जगह मिल जाती है।

अर्जुन को जब देवी और आसुरी संपत्ति का ज्ञान हो गया। भगवान् ने उसे विश्वास दिला दिया कि वह दैवी संपत्ति सहित ही उत्पन्न हुआ है, अतः मोक्षपथ का अधिकारी है। अब अर्जुन ने कहा—'हे परमात्मा कृष्ण! मेरे जैसे जो लोग शास्त्र विधि नहीं जानते, परंतु श्रद्धा और भक्ति से परमात्मा की पूजा करते हैं, उनका क्या होगा? वे सतोगुण, रजोगुण, तमोगुण में से किस श्रेणी में गिने जाएँगे?'

श्री भगवान् बोले—'हे अर्जुन! श्रद्धा भी तीन प्रकार की होती है—सात्त्विक, राजसी और तामसिक। श्रद्धा कभी शास्त्रीय ज्ञान से नहीं

ये शास्त्रविधिमुत्सृज्य यजन्ते श्रद्धयान्विताः।
तेषां निष्ठा तु का कृष्ण सत्त्वमाहो रजस्तमः॥

हे कृष्ण! जो मनुष्य शास्त्रविधि का त्याग करके श्रद्धापूर्वक देवता आदि का पूजन करते हैं, फिर उनकी स्थिति फिर कौन सी है—सात्त्विकी, राजसी या तामसी?

आती। श्रद्धा कैसे पनपती है, यह मैं विस्तार से बताता हूँ—

'श्रद्धा मनुष्य के भीतरी मन के अनुसार आती है। सात्त्विक, राजसी या तामस; जैसा व्यक्ति का अंतर्मन होता है, वैसी ही उसकी श्रद्धा होती है। सात्त्विक श्रद्धावाले लोग परमात्मा की तथा देवों की पूजा करते हैं। कुछ लोग कठोर तप करके पूजा करते हैं। वैसे तो अहंकार और भोगवाद में डूबे रहते हैं, परंतु किसी बात की हठ करके बैठ जाते हैं। अंत:करण व्यापी परमात्मा को कष्ट देते हैं। यह आसुरी स्वभाव से होता है।

'जैसे भोजन सबकी पसंद का अलग-अलग होता है, वैसे ही तप, यज्ञ और दान भी भक्तों की अलग-अलग पसंद है। मन, बुद्धि, स्वास्थ्य और प्रसन्नता को बढ़ानेवाले मधुर रस भरे पदार्थ सात्त्विक लोगों की पसंद हैं। खट्टे, नमकीन, तेज मसाले युक्त पदार्थ रजोगुणी लोगों की पसंद हैं तथा अधपका, अधिक तीखा मांस युक्त, नशा युक्त वस्तुएँ हैं, वे तमोगुणी लोगों की पसंद हैं।

'इसी प्रकार फल की इच्छा से रहित शास्त्रविधि से यज्ञ करना कराना सात्त्विक जन अपना कर्तव्य समझते हैं। परंतु विशेष फल की कामना से किए जाने वाला यज्ञ राजसिक है। जो लोग शास्त्रविधि से रहित, श्रद्धा भक्ति के बिना अपनी इच्छापूर्ति के लिए अभिमानपूर्वक यज्ञ करते हैं, वे तामसिक होते हैं।

'मन की प्रसन्नता सहित इंद्रियों पर काबू करते हुए शांतिपूर्वक परमेश्वर का चिंतन-मनन करना मानसिक तपस्या होती है। फल की इच्छा से रहित शरीर, मन या वाणी से किए सभी तप सात्त्विक ही होते हैं। जो तप अपने बड़प्पन दिखाने के लिए, यश-मान पाने के लालच में किया जाता है, वह तप 'राजसी तप' है। परंतु जो तप स्वयं कष्ट सहकर तथा दूसरों को कष्ट देने के उद्देश्य से किया जाता है, वह तामसी तप 'कहलाता है।

'फल की इच्छा के बिना कर्तव्य भाव से दीन-हीन जनों की सेवा के लिए दिया गया दान सात्त्विक कर्म है। जो दान अनिच्छा से तथा उपकार जताने के लिए किया जाता है, उसे राजसी दान कहते हैं। जो दान अपमानजनक ढंग से, बिना जरूरत के कुपात्र को तथा असमय में दिया जाता है, वह 'तामसिक दान' कहा जाता है।

'हरि ॐ तत् सत्' ॐ ही परमात्मा का नाम है तथा वही सत्य है। उसी परब्रह्म परमात्मा ने सृष्टि बनाई, उसी ने वेद और यज्ञ की रचना की। इसीलिए वैदिक नियम के अनुसार संत-महात्मा प्रत्येक मंत्र का प्रारंभ 'ॐ' से करते हैं।

'फल की इच्छा से रहित यज्ञ, तप, दान आदि सभी क्रियाएँ परमात्मा को शास्त्र विधि से अर्पित की जाती हैं, तो वे 'तत्' कहलाती हैं। 'तत्' को ही 'सत्' माना गया है।

'हे पार्थ! परमात्मा सगुण है तथा निर्गुण भी, निराकार भी है और स्वेच्छा से साकार भी हो सकता है। वही सत् है, क्योंकि उसकी सत्ता कभी भी समाप्त नहीं होती। इसीलिए ॐ ही तत् है और वही सत् है।

मुख्य शिक्षाएँ–

- तमोगुण, रजोगुण और सत्त्वगुण, तीनों गुणों में परस्पर दस गुना अंतर है। अगर तमोगुण का मानक एक है तो रजोगुण उससे, एक गुणा दस बराबर, दस गुना श्रेष्ठ है और रजोगुण से दस गुना यानी, दस गुणा दस बराबर सौ गुना श्रेष्ठ सत्त्वगुण है। इस प्रकार तमोगुण और रजोगुण के मुकाबले सत्त्वगुण बहुत ऊँचे स्थान पर स्थित है।
- मनुष्य का व्यक्तित्व श्रद्धा-प्रधान है। जैसी उसकी श्रद्धा होती है, वैसा ही उसका रूप होता है।

- जो मनुष्य अपना कल्याण चाहता है, उसकी श्रद्धा सात्त्विकी होती है, जो मनुष्य इस जन्म में तथा मृत्यु के बाद भी सुख-भोग को चाहता है, उसकी श्रद्धा राजसी होती है और जो मनुष्य पशुओं की तरह खाने-पीने, भोग भोगने, आलस्य, खेल-तमाशे में लगा रहता है, उसकी श्रद्धा तामसी होती है।
- ठीक श्रद्धा जहाँ होती है, वहाँ प्रेम स्वतः हो जाता है।
- सांसारिक श्रद्धा में 'भोग' की, धार्मिक श्रद्धा में 'भाव' की और पारमार्थिक श्रद्धा में 'तत्त्व' की प्रधानता होती है।
- सात्त्विक, राजस और तामस, तीनों गुण सभी मनुष्यों में कम-ज्यादा मात्रा में विद्यमान होते हैं। मन में तीनों में से जिस गुण की अधिकता होती है, उसी गुण के अनुसार धारणा, मान्यता आदि बनती है और उस धारणा, मान्यता आदि के आधार पर ही तीन प्रकार की श्रद्धा—सात्त्विक श्रद्धा, राजस श्रद्धा या तामस श्रद्धा बनती है।
- सात्त्विक लोग देवताओं का पूजन करते हैं, राजस लोग यक्षों और राक्षसों का पूजन करते हैं तथा तामस लोग प्रेतों और भूतों का।
- पवित्र कमाई से सामान खरीदकर बनाया गया भोजन पहले भगवान् को अर्पित किया जाए, फिर स्वयं खाया जाए, वह भोजन सात्विक होता है।
- स्वार्थ, अहंकार और सत्य-असत्य का विचार किए बिना की गई कमाई से जुबान को स्वादिष्ट लगनेवाला भोजन राजस होता है।
- हर तरह के बुरे काम करके कमाए गए धन से शुद्धि-अशुद्धि का विचार किए बिना मांसाहार करना तामस भोजन होता है।
- अन्न का असर मन पर पड़ता है, इसलिए मनुष्य को चाहिए कि

भोजन के दौरान मन को शांत और प्रसन्न रखे।

- भोजन करनेवाले की अपेक्षा भोजन करानेवाले की जितनी अधिक प्रसन्नता होगी, वह भोजन उतने ही उत्तम दरजे का माना जाएगा।
- भोजन करानेवाला तो बड़ी प्रसन्नता से भोजन कराता है, लेकिन खानेवाला उसे मुफ्त का सोचकर खाए तो वह भोजन मध्यम दरजे का होता है।
- भोजन करानेवाले में किसी घर आए व्यक्ति को देखकर यह भाव आ जाए कि इस मुसीबत को अब मजबूरी में भोजन कराना पड़ेगा, साथ ही व्यक्ति के मन में भी जबरदस्ती भोजन का स्वार्थ आ जाए, ऐसा भोजन निकृष्ट दरजे का होता है।
- जिनसे हमें शिक्षा प्राप्त होती है, ऐसे हमारे माता-पिता, बड़े-बूढ़े, कुल के आचार्य, पढ़ानेवाले अध्यापक और जो आयु, विद्या आदि में हमारे बड़े हैं, उन सभी को गुरु मानना चाहिए।
- शरीर हड्डी, मांस, मज्जा, मल, मूत्र, पसीना, नाक का कफ, आँख का मैल, लार, थूक आदि से भरा मांस का थैला है। इसमें तोला भर सुगंधयुक्त, पवित्र, निर्मल वस्तु नहीं है। यह केवल मल, मूत्र पैदा करने का कारखाना है। शरीर से ऊँचा उठने के लिए ये बातें याद रखें। तप करने के लिए शरीर को कष्ट देना आवश्यक नहीं है, संयमित जीवन जीना पर्याप्त है।
- परिस्थितियाँ चाहें अनुकूल न हों तो भी प्रसन्न रहें। दूसरों की बुरी बात सुनकर भी सौम्य रहें। मन को संतुलित रखें। यह सब मन को तप में लगाने जैसा है।
- कलियुग में दान ही एकमात्र धर्म है, इसलिए जैसे भी बन पड़े, दान अवश्य करना चाहिए।
- छोटे-से-छोटा काम भी यदि श्रद्धापूर्वक भगवान् को अर्पित करके

किया जाए तो वह 'सत्कर्म' हो जाता है और दंभपूर्वक विशाल यज्ञ आयोजन भी यदि श्रद्धा के अभाव में किया जाए तो वह मात्र 'असत्कर्म' ही होता है।

□

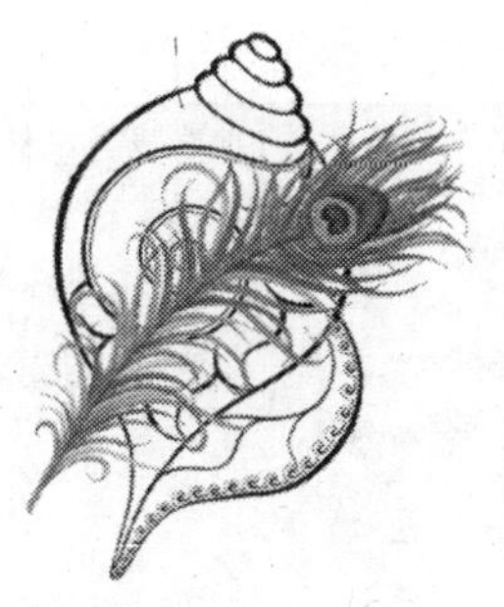

अध्याय-18

संन्यासयोग से मोक्ष प्राप्ति

इस अध्याय में 78 श्लोक हैं और यह गीता का सबसे बड़ा अध्याय है। इसमें कर्तव्य-कर्म के बारे में विस्तार से प्रकाश डाला गया है। कर्तव्य करना मनुष्य का धर्म है। बिना कर्तव्य के मनुष्य न तो सांसारिक व्यवहार कर सकता है, न आध्यात्मिक लाभ पा सकता है। कर्तव्य कर्म कैसे किए जाएँ कि मनुष्य उनमें बँधे भी नहीं और वह ईश्वर से जुड़ा रह सके। किसान जीवनयापन के लिए खेती करते हैं, पंडित पूजा-पाठ करते हैं, नौकरी-पेशा लोग दफ्तर में काम करते हैं, ये सभी आवश्यक कार्य हैं। इसी प्रकार अन्य बहुत से कार्य हैं, जो अनासक्ति भाव से करना मनुष्य के लिए अनिवार्य है।

अर्जुन ने भगवान् से पूछा—'हे महाबाहो! मैंने यज्ञ, तप, दान के प्रकार और विधि को तो जान लिया। हे अंतर्यामी! संन्यास और त्याग को अलग-अलग जानना चाहता हूँ?'

भगवान् श्रीकृष्ण बोले—'इस विषय में ज्ञानीजन का मत मैं तुम्हें सुनाता हूँ। कुछ ज्ञानी इच्छायुक्त कर्मों के त्याग को संन्यास कहते हैं तथा कुछ अन्य विद्वान् सभी कर्मों के फल त्यागने को संन्यास मानते हैं। कुछ का विचार है कि कर्मों से ही सब प्रकार के दोष होते हैं, अतः सभी

सन्न्यासस्य महाबाहो तत्त्वमिच्छामि वेदितुम्।
त्यागस्य च हृषीकेश पृथक्केशिनिषूदन॥

हे वासुदेव! हे हृषीकेश! हे अंतर्यामिन्! मैं संन्यास और त्याग के तत्त्व को अलग-अलग जानना चाहता हूँ।

प्रकार के कर्मों को त्यागना ही संन्यास है। फिर भी अनेक ज्ञानी जन यज्ञ, दान, तप आदि कर्मों को संन्यास के बाद भी आवश्यक मानते हैं।

'हे पार्थ! पहले तुम त्याग के विषय में जानो। तीनों गुणों के अनुसार त्याग भी सात्त्विक, राजसिक तथा तामसिक प्रकार के होते हैं। यज्ञ, दान तथा तप जैसे पवित्र कार्यों का त्याग कभी नहीं करना चाहिए। संन्यासी और गृहस्थी को भी सात्त्विक कर्म मानकर इन्हें करते रहना चाहिए। ध्यान रहे कि फल की इच्छा के बिना किए यज्ञ, तप और दान ही सात्विक तथा करणीय हैं।

'फल की इच्छा से किए गए शुभ कर्म भी त्यागने योग्य हैं। निर्धारित कर्मों का त्याग करने की आवश्यकता नहीं। यदि कोई व्यक्ति आलस्यवश या मेहनत से बचने के लिए कर्तव्य कर्म त्याग देता है तो वह राजसी त्याग है। इसका सुफल नहीं होता, जबकि मूर्खतावश कोई भी कर्म त्यागकर व्यक्ति ज्ञान के बिना, भक्ति के बिना त्याग करे तो तामसिक त्याग माना जाता है।

'हे अर्जुन! सच्चा त्यागी वह होता है, जो अशुभ कर्मों का स्वेच्छा से त्याग कर देता है तथा शुभ कर्मों को फल की आसक्ति के बिना संपन्न करता है।

'सच तो यह है कि शरीरधारी मनुष्य कर्मों को कभी त्याग ही नहीं सकता। अतः कर्म तो करना परंतु फल की इच्छा को त्याग देना ही श्रेष्ठ त्याग है। यदि व्यक्ति फल की इच्छा बनाए रखता है तो शरीर छोड़ने के बाद भी उसे अगले जन्म लेकर शुभ-अशुभ फल भोगने ही पड़ते हैं। कर्म फल की इच्छा त्यागने से किसी भी काल में तथा किसी भी लोक में हमें वह फल अवश्य भोगना पड़ता है।

'हे पार्थ! सांख्य शास्त्र में कर्मों का अंत करने वाले पाँच उपाय बताए गए हैं। इन्हें समझने का प्रयास करें—अधिष्ठान, कर्ता, करण, चेष्टा तथा

दैव। शरीर तथा क्रिया के स्थान को अधिष्ठान कहा जाता है। वैसे सभी क्रियाएँ प्रकृति के द्वारा ही उत्पन्न होती हैं। कोई मूर्खतावश स्वयं को कर्ता मान ले, उसे परिणाम भोगना पड़ता है। शरीर के कर्म संपन्न करनेवाले अंगों को करण कहा जाता है। नाक, कान, आँखें, हाथ, पैर सब करण हैं। ज्ञान इंद्रियों की क्रिया बोलना, देखना, सुनना, चलना तथा सूँघना आदि चेष्टाएँ हैं। दैव का अर्थ है भाग्य। यह पूर्व के संस्कारों को कहा जाता है। संस्कार शुभ और अशुभ दोनों प्रकार के होते हैं। जैसे कर्म करते हैं, वैसे ही संस्कार बनते हैं। जैसे संस्कार होते हैं, उसी के अनुसार प्रारब्ध बन जाता है। ये पाँचों कारण ही प्रत्येक कर्म में सहयोगी होते हैं। जो केवल जीवात्मा को ही कर्ता समझते हैं, वे भ्रम में हैं।

'हे धनंजय! जो व्यक्ति स्वयं को कर्ता नहीं मानता और अपने सब कर्तव्य फल की इच्छा के बिना करता रहता है, वह वास्तव में अनेक प्राणियों को मारकर भी पाप नहीं करता। वह न किसी को मारता है, न मारा जाता है। वह यही समझता है कि कर्ता वह नहीं, कोई और ही है तो उस कर्म का फल भी वही भोगेगा।

'कर्म करने की तीन प्रेरणाएँ हैं—ज्ञान, ज्ञेय तथा ज्ञाता। उनसे कर्म करने की प्रेरणा प्राप्त होती है, जबकि कर्ता, करण और क्रिया से कर्म-संग्रह होते हैं। शास्त्रों में ज्ञान, कर्म और कर्ता के तीन-तीन भेद बताए गए हैं। उन्हें भी समझ लो।

'ज्ञान के तीन भेद हैं—सात्त्विक ज्ञान वह है, जिसमें कर्ता मनुष्यों ही नहीं, पशु-पक्षियों तथा कीट-पतंगों में भी उस अविनाशी ब्रह्म के दर्शन करता है।

जब व्यक्ति सभी प्राणियों में ईश्वर तो देखता है, परंतु भिन्न रूप में देखता है, तब 'राजस ज्ञान' होता है।

'जिस ज्ञान से मनुष्य स्वयं को तो ब्रह्म मान लेता है, परंतु अपने

शरीर को ही ईश्वर मानता है, उसी में आसक्त रहता है। अपने बल और ज्ञान का अहंकार दिखाता है, तब वह '**तामसिक ज्ञान**' होता है।

इसी प्रकार कर्म के भी तीन भेद होते हैं—

सात्त्विक कर्म—शास्त्रों द्वारा निर्धारित कर्म, जिन्हें करनेवाला कर्तापन के अहंकार से रहित है तथा राग-द्वेष और फल की इच्छा का त्याग करके कर्म किया जा रहा है, वह कर्म 'सात्त्विक' कहा जाता है।

राजस कर्म—जो कर्म सुखों की इच्छा से तथा अभिमानपूर्वक दिखावे के लिए किए जाते हैं, वे 'राजस कर्म' हैं।

तामस कर्म—जो कर्म अज्ञानतावश, परिणाम विचारे बिना हिंसा तथा उत्तेजना पूर्वक किए जाते हैं, वे सब 'तामस कर्म' हैं।

कर्ता के भी तीन भेद हैं–

सात्त्विक कर्ता—जो निर्धारित कर्म अनासक्त (बिना लगान) भाव से, बिना कर्तापन के अभिमान के, बिना धैर्य और उत्साह खोए, सफलता तथा असफलता की चिंता के, सुख-दुःख में समभाव रखनेवाला व्यक्ति करता है, वही 'सात्त्विक कर्ता' होता है।

राजस कर्ता—कर्म फल की इच्छा रखकर लोभ या पद, यश पाने की भावना से जो व्यक्ति कर्म करता है, वह 'राजस कर्ता' ह।ता है।

तामस कर्ता—जब कोई असावधान रहकर, घमंड से, लोभ से, बदले की भावना से, दुःख तथा अशांत मन से कर्म करता है, तो वह 'तामस कर्ता' कहलाता है।

'हे धनंजय! इन्हीं तीन गुणों के आधार से धारणा शक्ति को भी तीन भेदों में बाँटा गया है। अतः बुद्धि भी तीन प्रकार की होती है।

'हे पार्थ! निर्धारित कर्मों को अकर्ता भाव से करना प्रवृत्ति है तथा विरक्त होकर फल की चाह के बिना उदासीन होकर करना निवृत्ति है।

स्वयं को अकर्ता मानते हुए भक्ति भाव से सब कर्म करनेवाली बुद्धि 'सात्त्विक बुद्धि' होती है।

'धर्म और अधर्म, कर्म और अकर्म का भेद न कर सकनेवाली बुद्धि 'राजसी बुद्धि' होती है। परंतु सदा अधर्म कार्यों में लगी, शास्त्रीय निर्देशों के विपरीत चलने वाली तथा असंयमित होकर कार्य करनेवाली बुद्धि 'तामसी बुद्धि' कहलाती है।

'हे पार्थ! हर स्थिति में समान भाव रखकर ईश्वर को ही सबकुछ मानकर संयमपूर्वक धैर्य रखने की वृत्ति को 'सात्त्विक धृति' कहते हैं। अपने स्वार्थ एवं कामनाओं की पूर्ति के लिए धर्म, अर्थ और काम का उपयोग कर लेने वाली 'धृति राजसी' है। परंतु दूषित बुद्धि से आलस्य, नींद, चिंता, दुःख, भय आदि को अपने नित्य के व्यवहारों में बनाए रखना ही 'तामसी धृति' होती है।

'हे अर्जुन! अब सुख के भेदों को भी जानो—सात्त्विक, राजसी और तामसी। सात्त्विक सुख वह माना जाता है, जो परमात्मा की प्राप्ति के लिए किए गए तप, भजन और कठोर अभ्यास के पश्चात् प्राप्त होता है। परमात्मा की भक्ति से जो आनंदस्वरूप में मिलता है।

'जो सुख विषयों के संयोग से मिलता है। भोग काल में तो वह बहुत रमणीय लगता है, परंतु परिणामतः पछताना पड़ता है, वह सुख 'राजसी सुख' है। जो सुख आरंभ से अंत तक नींद, आलस्य और नशे से मिलता है, वह अज्ञान और मोह में ही भ्रमित करनेवाला होता है, वह 'तामस सुख' कहलाता है।

'हे धनंजय! समझने की बात यह है कि पूरी सृष्टि में, स्वर्ग तक में भी ऐसी कोई शक्ति नहीं है, जो प्रवृति के इन तीन गुणों से प्रभावित न हो। किसी एक गुण की प्रधानता होती ही है।

'हे अर्जुन! कर्मों के अनुसार संस्कार पड़ते हैं। संस्कार से स्वभाव

बनता है। इन गुणों के अनुसार ही, अर्थात् कर्मों के अनुसार वर्ण विभाजन होता है। स्पष्ट कहा गया है कि वर्ण विभाजन जन्म से नहीं, कर्म और स्वभाव से होता है।

'हे परंतप! जब मन पर काबू करके कष्टों में भी धर्म पालन का स्वभाव रहे, शास्त्राध्ययन में रुचि, यज्ञ, पूजा, व्रत-अनुष्ठान में रुचि हो, ईश्वर में श्रद्धा हो तो वह ब्राह्मण वर्ण माना जाता है। यदि वीरता, युद्ध में प्रवीणता, दानशीलता हो तथा शासन का स्वभाव हो तो क्षत्रिय वर्ण कहलाता है।

'व्यापार, खेती-बाड़ी आदि से धन कमानेवाला वैश्य वर्ण है तथा तीनों वर्णों की सेवा को तत्पर स्वभाव शूद्र वर्ण कहलाता है। जिसका जैसा स्वभाव हो, वह उसी वर्ण में गिना जाता है। सभी वर्ण परमात्मा की पूजा, अर्चना, साधना के द्वारा परमात्मा को पा सकते हैं।

'हे धनंजय! सारी सृष्टि के रचनेवाले परमात्मा को प्राप्त करने का अधिकार सब को है। अपना कर्तव्य पालन करते हुए, उस परमेश्वर को ही कर्ता और स्वयं को अकर्ता मानकर निस्स्वार्थ भाव से जगत् में व्यवहार करे, तो वह किसी भी वर्ण में हो, प्रभु को पा सकता है।

'अपने कर्तव्य का पालन करते हुए पाप लगने की आशंका नहीं रहती, उसका पालन उत्तम होता है। दूसरे का धर्म पालन करने में दोष हो सकता है, अतः पाप होने की संभावना बनी रहती है। अतः स्वाभाविक कर्म में दोष दिखाई दे, तो भी उसे करना उचित है। सभी कर्मों में कोई-न-कोई कमी तो होती ही है।

'हे धनंजय! जिसकी बुद्धि आसक्ति रहित हो, जिसने इंद्रियों तथा कामनाओं को काबू में कर लिया हो, संतों से ब्रह्म ज्ञान प्राप्त कर लिया हो, कर्म करते हुए भी जो कर्म में लिप्त न हो, ऐसे महात्मा को 'नैष्कर्म्य' नामक सिद्धि मिलती है।

'हे कुंतीपुत्र! ज्ञान की सर्वोच्च स्थिति परमात्मा को पाना ही है। शुद्ध अंत:करण वाला साधक ही ईश्वर को पा सकता है। सतोगुणी बुद्धिवाला, एकांतप्रिय, संयमित भोजन करनेवाला, मन, वाणी तथा इंद्रियों को वश में रखनेवाला, मोह तथा वैर भाव से रहित, श्रद्धापूर्वक ध्यान करनेवाला सहज तथा सरल साधक ही परमात्मा को पाने का अधिकारी होता है।

'जो साधक दु:खों, कामनाओं से परेशान नहीं होते, समान दृष्टि से मेरी पराभक्ति करते हैं, वह परमात्मा की सर्वोच्च भक्ति प्राप्त कर लेते हैं। सर्वोच्च प्रेम के कारण वे भक्त तो मेरे अंग ही बन जाते हैं। फिर वह पूर्ण सुखी हो जाता है।

'साधक भक्ति के द्वारा मेरे विषय में जान लेता है, वह मुझे पाने का पात्र तो बन ही जाता है, शीघ्र ही मुझे पा भी लेता है। फिर आत्मा-परमात्मा का मिलन हो जाता है। साधक मुझमें ही समा जाता है। वह अलग नहीं रहता।

'हे पार्थ! जो जीव मेरी शरण में आ जाता है, उसे मैं निश्चित शरण देता हूँ, उस पर अवश्य कृपा करता हूँ। बंधन-मुक्त होकर वह मुझ अविनाशी में ही समा जाता है। इसलिए हे अर्जुन! तुम भी अपने सभी कर्म मुझे अर्पित करके मेरी कृपा प्राप्त करो। इसी में तुम्हारा कल्याण है। मेरी कृपा से तुम सब बाधाओं को पारकर जाओगे। यदि तुम मेरी बात को अनसुना कर दोगे तो तुम्हारा पतन निश्चित है। तुम फिर जन्म-मृत्यु के चक्र में पड़े रहोगे।

'यदि तुम युद्ध से पीछे हटोगे तो कायर कहलाओगे, झूठे कहलाओगे। अत: यह युद्ध करना तुम्हारे लिए आवश्यक है। मोह तथा अज्ञान के कारण यह तुम्हारे न चाहने पर भी युद्ध तो होगा ही। हे अर्जुन! तुम्हें सुपात्र जानकर ही मैंने यह गुप्त ज्ञान तुम्हें दिया है। तुम मेरे मित्र हो,

एक गोपनीय बात और भी बता रहा हूँ। सुनो! सदा स्मरण रखो, मेरा ही चिंतन-मनन किया करो तो निश्चित ही अन्य प्रयास के बिना मैं तुम्हें भवसागर से पार कर दूँगा।

'हे धनंजय! सब धर्मों को, सब चिंताओं को छोड़कर मेरी शरण में आ जाओ। मैं तुम्हें सब पापों से मुक्त कर दूँगा। अतः चिंता मत करो। यह गीता शास्त्र, जो पढ़ेगा, सुनेगा, सुनाएगा, वह निस्संदेह मेरे परम धाम को भी प्राप्त करेगा।

'हे पांडव! वह भक्त तो मुझे अत्यंत प्रिय होगा, जो मेरे उपदेश (गीता) को मेरे भक्तों तक पहुँचाएगा। इस भूलोक पर उससे अधिक प्रिय मुझे कोई नहीं होता। मेरे और तुम्हारे इस धर्मपूर्ण संवाद को जो पढ़ेगा, सुनेगा या सुनाएगा, वह भी इस संसार से मुक्त होकर मुझे पा लेगा। उसे दिव्य लोकों में स्थान प्राप्त होगा। तुमने तो इस ज्ञान को ध्यान से सुन ही लिया होगा। अब तुम्हारा संबंधियों से मोह मिट गया होगा।'

अर्जुन बोले—'भगवान्! आपकी कृपा से मेरे सब संदेह समाप्त हो गए हैं। मेरी विवेक शक्ति जाग्रत् हो गई है। अब मैं आपकी हर आज्ञा का पालन करने के लिए पूरी तरह तैयार हूँ।'

यह वर्णन सुनाकर संजय धृतराष्ट्र से बोले—'राजन! मैंने कुंतीपुत्र अर्जुन तथा भगवान् कृष्ण की गोपनीय वार्त्ता से आपको अवगत कराया। मैं श्रीकृष्ण का तथा अर्जुन का यह संवाद सुनकर बहुत गद्‌गद हूँ। मैं कोसों दूर से यह गोपनीय संवाद देख तथा सुन सका, इसके लिए महर्षि वेद व्यासजी का आभारी हूँ; क्योंकि उनकी दी हुई दिव्य-दृष्टि के कारण ही मैं इस गीता का साक्षी बना।

मुख्य शिक्षाएँ—

- फल न चाहकर कर्तव्य-कर्मों को करते रहने का नाम 'त्याग' है।

स्मरण रखें, कर्म का फल अवश्य मिलता है, आप चाहें या न चाहें और फल उतना ही मिलता है, जितने के योग्य आपका कर्म होगा, यानी आप दो और दो जोड़ेंगे तो चार ही मिलेगा। आप चाहें कि वह छह या दस हो जाए तो असंभव है।

- नौकरी, व्यापार, खेती आदि कर्म जीवनयापन के लिए तथा खाना-पीना, सोना-जागना आदि कर्म शरीर के लिए किए जाते हैं, ये सभी 'आवश्यक कर्म' कहलाते हैं।
- धर्म-शास्त्रों के कहे अनुसार प्रतिदिन जो कर्म किए जाते हैं, जैसे स्नान, पूजा-पाठ, ध्यान इत्यादि 'नित्यकर्म' कहलाते हैं।
- तीर्थस्थलों पर किए जानेवाले कर्म, एकादशी, पूर्णिमा, अमावस्या इत्यादि विशेष तिथियों पर किए जानेवाले पूजा-पाठ, व्रत, यज्ञ, हवन इत्यादि कर्म, जन्म, मृत्यु, विवाह इत्यादि के अवसर पर किए जानेवाले कर्म 'नैमित्तिक कर्म' (किस कारण विशेष पर किया जानेवाला कर्म) कहलाते हैं।
- मान-सम्मान, नौकरी, संतान, धन, इच्छा पूर्ति आदि के लिए जो शास्त्रीय अनुष्ठान किए जाते हैं, वे 'काम्य कर्म' कहलाते हैं।
- ज्ञात-अज्ञात पापों के दुष्प्रभाव को दूर करने के लिए धर्म-ग्रंथों के अनुसार तीर्थ, जप, तप, हवन, स्नान इत्यादि जो कर्म किए जाते हैं, उन्हें 'प्रायश्चित्त कर्म' कहते हैं। इस प्रकार कर्म पाँच प्रकार के होते हैं।
- भगवान् श्रीकृष्ण ने कहा है कि सभी कर्म करें, लेकिन उनमें लिप्तता न रखें। यह अहंकार न पालें कि हमने इतने शुभ कर्म कर लिये, अब अच्छा फल निश्चित है।
- जिसे हम कर सकते हैं तथा जिसे हमें जरूर करना चाहिए, वह कर्तव्य कहलाता है।

- मन के भीतर बसी कामना, ममता, आसक्ति इत्यादि को त्यागना ही वास्तविक त्याग है, नियत कर्तव्य कर्मों का त्याग, त्याग नहीं है।
- भोगों का त्याग करना चाहिए, कर्तव्य-कर्म का त्याग कभी नहीं करना चाहिए।
- त्याग का फल शांति है और राग (लगाव) का फल दुःख। राजसी गुणवाले मनुष्य को त्याग का फल शांति तो नहीं मिलती पर राग का फल दुःख तो मिलता ही है।
- कर्म और फल में आसक्ति या लिप्तता तथा कामना का त्याग करके केवल कर्तव्य समझकर कर्म करने से वह त्याग सात्त्विक हो जाता है।
- सात्त्विक कर्म वे हैं, जिन्हें मनुष्य केवल कर्तव्य समझकर समय पर पूर्ण करता है। इस स्वभाव से कर्म करने पर व्यक्ति का कर्म और उसके फल से जुड़ाव नहीं रहता और वह ईश्वर से जुड़ जाता है।
- कर्म का फल व्यक्ति को तीन तरह का मिलता है—इष्ट (इच्छा के अनुसार), अनिष्ट (इच्छा से उलट) तथा मिश्रित यानी मिला-जुला। ज्यादातर आदमी को कर्म का फल मिश्रित यानी मिला-जुला ही प्राप्त होता है। इसी में खुश रहना संतुष्टि है।
- जो व्यक्ति सुख और दुःख में एक जैसा रहता है, उसके लिए कोई भी स्थिति खराब नहीं हो सकती। वास्तव में अनुकूलता में सुखी होना और प्रतिकूलता में दुःखी होना ही चिंता, शोक, भय, घबराहट आदि का कारण बनता है।
- जो भी नए कर्म और उनके संस्कार बनते हैं, वे सब केवल मनुष्य जन्म से ही बनते हैं, पशु-पक्षी, जीव-जंतु आदि योनियों

में नहीं, क्योंकि ये योनियाँ केवल पाप-कर्म-फल भोगने के लिए मिलती हैं।

- मनुष्य चार तरह की इच्छाएँ करता है—धन की, धर्म की, भोग की तथा मुक्ति की। प्रचलित भाषा में इन्हें अर्थ, धर्म, काम और मोक्ष के नाम से जाना जाता है।
- अर्थ यानी धन एवं काम यानी भोग, सांसारिक सुख की प्राप्ति में भाग्य की प्रधानता होती है तथा पुरुषार्थ (शक्ति) की गौणता, धर्म एवं मोक्ष की प्राप्ति में पुरुषार्थ की प्रधानता होती है और भाग्य की गौणता।
- धन, भोजन, स्त्री, संतान, परिवार में तो संतोष करना चाहिए, लेकिन स्वाध्याय, दान, जप-तप, कीर्तन, पूजा-पाठ करने में कभी संतोष नहीं करना चाहिए।
- कर्म दो तरह के होते हैं—शुभ कर्म तथा अशुभ कर्म। शुभ या पुण्यदायी कर्म का फल अनुकूल परिस्थिति प्राप्त होना है तथा अशुभ या पाप कर्म का प्रतिकूल परिस्थिति प्राप्त होना।
- कर्म बाहर से किए जाते हैं, इसलिए उन कर्मों का फल भी बाहर की परिस्थिति के रूप में ही प्राप्त होता है, परंतु उन परिस्थितियों से जो सुख-दुःख होते हैं, वे भीतर होते हैं।
- मनुष्य की योनि कर्म की योनि है, सुख-दुःख भोगने की योनि नहीं है। सुख भोगने के स्थान स्वर्ग आदि लोक हैं और दुःख भोगने के नरक तथा लाखों नीच योनियाँ। ये सब भोग योनियाँ हैं, सुख का भोग या दुःख का भोग। मनुष्य शरीर अच्छे कर्म करके सुख-दुःख से ऊँचा उठ जाने के लिए ही मिलता है।
- अपने पुण्यों को मनुष्य भगवान् को अर्पित कर सकता है, लेकिन पाप उसे स्वयं भोगने पड़ते हैं, उन्हें अर्पित नहीं किया जा सकता।

- हरेक काम में मेहनत लगती है, पर जिस व्यक्ति को सुख-आराम की इच्छा मुख्य होती है, कर्म करते समय उसे शरीर में ज्यादा मेहनत का एहसास होता है।
- जिस व्यक्ति को कर्म फल की इच्छा मुख्य होती है, शारीरिक सुख-आराम को वह महत्त्व नहीं देता, ऐसे व्यक्ति को शारीरिक मेहनत का एहसास नहीं होता।
- शरीर के प्रति लगाव रहने के कारण थोड़ी सी मेहनत में भी थकान हो जाना राजस मनुष्य का लक्षण है।
- अपनी शक्ति, बल, बुद्धि और परिणाम आदि का विचार न करके मनचाहे ढंग से काम करनेवाला मनुष्य तामस मनुष्य कहलाता है।
- जो व्यक्ति सभी कार्य अपने विवेक, बुद्धि, बल, सामर्थ्य के अनुसार परिणाम पर विचार करके करता है, सात्त्विक मनुष्य कहलाता है।
- कामना और आवश्यकता में भेद है। संसार की कामना होती है और परमात्मा की आवश्यकता। कामना की कभी पूर्ति होती ही नहीं, उसकी तो निवृत्ति होती है, पर आवश्यकता की पूर्ति ही होती है।
- कामना का अत्यंत अभाव होने पर आवश्यकता रहती ही नहीं, अर्थात् परमात्मा की प्राप्ति हो जाती है।
- धर्म वह होता है, जो मनुष्य का कल्याण करे और अधर्म वह होता है, जो मनुष्य का 'बंधन' में डाल दे।
- राग और द्वेष साथ-साथ चलते हैं। जिससे राग (लगाव) होता है, हम उसके दोष नहीं देख पाते, और जिससे द्वेष होता है, हम उसके गुण नहीं देख पाते।

- राग और द्वेष मनुष्य को संसार से जोड़ते हैं। संसार से जुड़कर संसार को नहीं जाना जा सकता।
- जिस व्यक्ति की तामसी बुद्धि होती है, उसे हर अच्छाई में बुराई नजर आती है। ईश्वर की निंदा, मर्यादा के विरुद्ध कार्य, माता-पिता के साथ बुरा बर्ताव, बड़ों का अपमान, गैर-कानूनी कार्य, इन सब अधर्म को ही वह 'धर्म' मानता है।
- 'भोग-सुख प्राणी के लिए ही बने हैं', इस धारणा से भोग-सुखों में डूबे रहना 'कामी' मनुष्य की निशानी है।
- जिस मनुष्य का स्वभाव जितना सात्विक होता है, वह उतना ही हरेक विषय के परिणाम की तरफ देखता है। अभी के तात्कालिक सुख की तरफ वह ध्यान नहीं देता।
- राजसी मनुष्य परिणाम की तरफ नहीं देखता, वह अभी तात्कालिक सुख पाने की इच्छा से सारे काम करता है।
- तामसी मनुष्य न आरंभ को देखता है, न अंत को। परिणाम की तो उसे परवाह ही नहीं होती।
- समय पर सोना और समय पर जागना युक्त-निद्रा है और अधिक सोना अतिनिद्रा। अतिनिद्रा के आरंभ और अंत में शरीर में आलस्य भरा रहता है।
- शरीर में भारीपन रहता है। अधिक नींद लेने के स्वभाव से हरेक काम में नींद आती है।
- पुण्य ज्यादा होने पर जीव स्वर्ग में जाता है, पाप ज्यादा होने पर नरक में तथा पाप और पुण्य बराबर होने पर उसे मनुष्य योनि प्राप्त होती है।
- कर्म की प्रधानता नहीं है, बल्कि भाव की प्रधानता है। कार्य करनेवाले का भाव शुद्ध होगा तो वह कल्याणकारी, सबकी

भलाईवाला हो जाएगा, चाहे कार्य करनेवाला किसी भी कर्म या जाति का हो।

- कोई भी मनुष्य किसी भी दशा में क्षण भर के लिए भी कर्म किए बिना नहीं रह सकता, लेकिन जो बाहर से कर्मों का त्याग करके भीतर से विषयों का सोच-विचार करता है, वह झूठा है। जो मन-इंद्रियों को वश में करके कर्तव्य-कर्म करे, वही श्रेष्ठ है।
- भगवान् केवल भक्ति से प्रसन्न होते हैं, आचरण, विद्या, रूप, रंग, जाति, वर्ण आदि गुणों से नहीं।
- संसार में आकर कामनाओं की पूर्ति कर लेना कोई महत्त्व की, साहस की बात नहीं है। कामनाओं की पूर्ति तो जीव-जंतु, लता-वृक्ष, कीट-पतंगे, सभी कर लेते हैं, असली बात तो कामनाओं का त्याग करने में है। यही एकमात्र परमात्मा प्राप्ति का मार्ग है, जो केवल मनुष्यों को प्राप्त है।

□□□

ओ३म् नमो भगवते वासुदेवाय